本书系以下项目的研究成果：

国家自然科学基金项目"需求时序相关的库存系统建模与优化研究（71601169）"

国家自然科学基金项目"考虑资源复用与共享的 IaaS 云服务定价与容量规划研究

浙江省自然科学基金项目"需求时序相关的库存系统的数值算法及其应用（LQ16G010007）"

浙江省自然科学基金项目"高效的仿真优化方法及其在复杂管理系统中的应用（LY20G010012）"

定期盘点库存系统
数 值 计 算 与 优 化 方 法

朱晨波·著

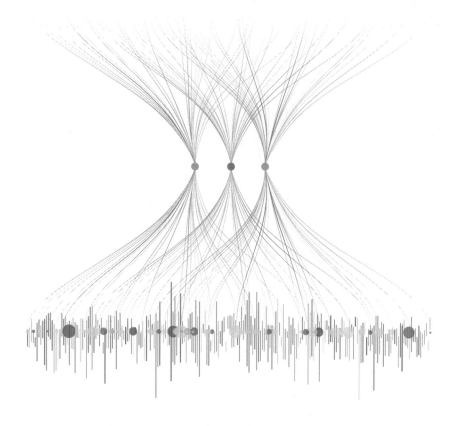

中国财经出版传媒集团

经济科学出版社
Economic Science Press

·北 京·

图书在版编目（CIP）数据

定期盘点库存系统：数值计算与优化方法／朱晨波

著 . -- 北京：经济科学出版社，2025.5. -- ISBN 978 -

7 - 5218 - 6784 - 8

Ⅰ. F253.4

中国国家版本馆 CIP 数据核字第 202571UJ51 号

责任编辑：周胜婷

责任校对：刘　娅

责任印制：张佳裕

定期盘点库存系统：数值计算与优化方法

DINGQI PANDIAN KUCUN XITONG：SHUZHI JISUAN YU YOUHUA FANGFA

朱晨波　著

经济科学出版社出版、发行　新华书店经销

社址：北京市海淀区阜成路甲 28 号　邮编：100142

总编部电话：010 - 88191217　发行部电话：010 - 88191522

网址：www. esp. com. cn

电子邮箱：esp@ esp. com. cn

天猫网店：经济科学出版社旗舰店

网址：http：//jjkxcbs. tmall. com

北京季蜂印刷有限公司印装

710×1000　16 开　13.25 印张　180000 字

2025 年 5 月第 1 版　2025 年 5 月第 1 次印刷

ISBN 978 - 7 - 5218 - 6784 - 8　定价：88.00 元

（图书出现印装问题，本社负责调换。电话：010 - 88191545）

（版权所有　侵权必究　打击盗版　举报热线：010 - 88191661

QQ：2242791300　营销中心电话：010 - 88191537

电子邮箱：dbts@ esp. com. cn）

前　言

　　库存是企业为了满足未来需求而暂时持有的闲置资源，但它是企业运营中不可或缺的部分。一直以来，由于库存而产生的库存持有、获得和缺货成本是企业运营成本中的主要组成部分。近年来，全球经济的萧条使得降本增效成为众多企业所关注的焦点，而库存成本往往是企业运营成本中的大头，如果能降低库存成本，间接地就相当于增加了利润，因此，降低库存成本是一个值得研究的重要课题。

　　按照对库存的监控方式来分类，库存系统可以分成连续盘点库存系统与定期盘点库存系统两类。连续盘点库存系统是指系统实时跟踪库存的状态变化情况，决定是否需要对货品进行补充。定期盘点库存系统是指系统在预先设置的固定时间点查看库存的状态，从而决定是否需要对货品进行补充。如果定期盘点的时间间隔趋向无穷小，那么定期盘点库存系统就趋近于连续盘点库存系统。本书研究的目标系统是定期盘点库存系统。

　　自从阿罗（Arrow）于 20 世纪 50 年代提出了多阶段定期盘点的库存模型以来，定期盘点库存系统的研究一直为学者们所关注。在现有的关于定期盘点库存系统的研究中，大量的研究集中在需求时序独立和单源采购的库存系统。然而，随着经济全球化和信息化的日益发展，消费者的需求也变得越来越具有时序相关性，同时，为了控制风险和节约成本，广大企业也越来越倾向于采用双源采购乃至多源采购来替代单源采购。因此，近些年来，定期盘点库存系统研究领域的文献更多地聚焦于需求时序相关和双源采购的库存系统，主要研究上述库存系统补货策略的最优性问题。不过，该领域的研究还存在两大挑战。（1）缺乏有效快速的算法来计算和表达系统的库存水平和库存成本。尤其针对一些复杂的库存系统以及需求时序相关的库存系统。当前，最常用的计算系统库存水平和库存成本的方法仍是仿真方法，但是，众所周知，仿真方法最大的缺陷便是需要耗费大量的计算时间，这也促使研究者需要不断提升仿真方法的计算效率。（2）缺乏有效快速的优化算法用来计算最优的库存策略参数。当前，计算最优库存策略的方法大体上有两类，第一类是根据具体的库存系统的需求、成本等方面的特性设计优化算法，第二类是使用一般的启发式算法进行优化。但是，第一类方法对于复杂的库存系统（比如需求时序相关的库存系统、多源采购库存系统）束手无策，而第二类方法往往使用启发式算法与仿真相结合来优化库存策略参数，也就是仿真优化方法。但是，仿真优化同样存在着计算效率低的问题。

针对上述两大挑战，本书为常见的 (s, S) 库存系统和定制基准 – 激增（Tailored Base-Surge，TBS）双源采购库存系统设计了基于一类无穷维的线性方程组，以及基于麦克劳林级数和帕德逼近的两种数值算法，可以有效且快速地计算库存成本和库存水平；并且，把上述数值算法与基于梯度的优化算法相结合，可以有效且快速地优化库存策略参数。本书所提的数值算法只适用于需求服从位相型分布的情形，对于需求不服从位相型分布的情形，本书引入次序变换和优化抽样的多精度优化方法和最优计算量分配方法，改进基于仿真的启发式算法的计算效率。虽然上述算法只针对两类库存系统所设计，但是它们也可以被应用到其他定期盘点库存系统中。未来可以进一步研究的内容还包括：改善算法的收敛性，把这些方法与其他方法相结合，并拓展到更多的定期盘点库存系统中去。此外，本书还提出了使用 Copula 来构建时序相关的库存系统需求模型，以及具有折扣可变成本和有限订购的定期盘点库存系统和一类库存路径问题。基于 Copula 的库存系统时序相关需求模型，以及带约束的库存与定价、库存与路径联合优化的问题也还有继续深入研究的空间。

在本书的写作过程中，笔者得到了许多师友和学生的支持与帮助，引用了相关文献中的研究成果，在此表示由衷的感谢。在此特别感谢复旦大学胡建强教授、张诚教授、叶耀华副教授和戴锡副教授，美国乔治梅森大学陈俊宏教授和徐捷教授，新加坡国立大学李裕火教授，上海电机学院杨白玫副教授，以及重庆大学雷蕾博士的指导与帮助。还要感谢浙江工业大学硕士研究生王星、侯冰清、姜懿家、陈隆杰和牟海春的支持与帮助。由于笔者水平有限，书中可能存在疏漏和不足，恳请读者不吝赐教与指正。

朱晨波

2025 年 1 月

目　　录

第1章 绪 论

1.1 认识库存

库存是为了满足未来需要而暂时闲置的资源，即，资源的闲置就是库存（陈荣秋和马士华，2016）。库存分布在整个供应链中，从生产过程中所需要的原材料到加工完成的半成品，再到销售商所提供的成品，库存无处不在。

1.1.1 库存费用

在企业生产经营的过程中，产生的库存费用一般可以分为以下三个主要部分：

（1）库存持有成本，指为保有和管理库存而需承担的费用开支，一般包括购买货物的资金占有成本、仓库及设备折旧费、保险金、税收等。

（2）库存获得成本，指企业为了得到库存而需承担的费用。如果企业是向外部的供应商采购而得到的库存，那么获得成本体现为购买成本、运输费用、商品检验费用、沟通费用等。如果企业是自己内部生产而得到的库存，那么一般包括正常工时内的生产成本以及加班工时内的生产成本、企业为生产一批货物而进行的生产线改线的费用等。

（3）库存缺货成本，指由于库存存货不足而造成供应中断的损失。比如原材料没有及时供应而造成的停工损失、产成品库存缺货造成的延迟发货损失和销售机会丧失带来的损失、企业采用紧急采购来解决库存的中断而承担的紧急额外采购成本等。

1.1.2　库存的作用

库存在企业运营中有着不可忽视的作用，是企业运营中不可或缺的部分。库存主要有以下几个作用：

（1）防止物品短缺，缩短供货周期，提高对用户的响应性。

（2）应对各种变化，起到应急和缓冲的稳定作用。

（3）分摊订货费用，减少采购成本。大批量的采购不仅可以获得价格折扣，而且可以降低采购频率。

（4）通过在制品库存维持生产过程的连续性，防止生产中断。

虽然库存有着许多重要的作用，但也存在一些弊端，比如占用了大量的资金，需要额外支付一笔数目不小的库存维持费，而且库存还掩盖了生产经营中的许多问题与矛盾。所以研究库存管理的方向不是增加库存，而是要不断地减少库存，要在尽可能低的库存水平下满足企业需要。

1.2　库存系统分类

1.2.1　按监控方式

按照对库存的监控方式来分类，库存系统可以分成连续盘点库存系统与定期盘点库存系统两类。连续盘点库存系统是指系统实时跟踪库存的状态变化情况，决定是否需要对货品进行补充。定期盘点库存系统是指系统在预先设置的固定时间点查看库存的状态，从而决定是否要对货品进行补充。本书研究的目标系统是定期盘点库存系统。

1.2.2　按库存货品采购来源

按照库存货品的采购来源分类，库存系统可以分成单源采购库存系统和多源采购库存系统。单源采购库存系统是指系统只向单一的供应商采购补充货品，对这类库存系统的研究已比较全面和成熟。多源采购库存系统是指系统向多个供应商采购补充货品，随着市场环境的日益复杂，需求与供给越来越不确定，多源采购库存系统也越来越受到业界和学界的重视。不过由于多源采购库存系统过于复杂，学界目前主要还是研究双源采购库存系统。本书同时研究了单源采购库存系统和双源采购库存系统。

1. 单源采购库存系统

定期盘点单源采购库存系统通常采用以下库存控制策略：

（1）t – 循环策略：不论实际的库存状态如何，总是每隔一个固定的时间 t，补充一个固定的库存量 Q。

（2）(t, S) 策略：每隔一个固定的时间 t 补充一次，补充数量以补足一个固定的最大库存量 S 为目标。因此，每次补充的数量是不固定的，视实际库存量而定。令每个阶段的库存位置为 X（在库库存加上在途库存），当 $X \geqslant S$ 时，系统不补货；当 $X < S$ 时，系统的补充数量为 $Q = S - X$。该策略又称为基础库存策略（base-stock policy）。

（3）(s, S) 策略：该策略存在两个库存策略参数 s 和 S，s 为订货点，S 为订货上限，$S > s$。令每个阶段的库存位置为 X，当 $X \geq s$，系统不补货；当 $X < s$，系统对库存进行补充，补充的数量为 $Q = S - X$。

其中，(s, S) 库存策略在 20 世纪 50 年代被证明是一般的单源采购定期盘点库存系统的最优库存控制策略（Arrow et al.，1951），此后，该库存策略一直为学者们所关注。针对单源采购定期盘点库存系统，本书也主要研究 (s, S) 库存策略。

2. 双源采购库存系统

双源采购在现代供应链当中使用得越来越普遍。双源采购库存系统一般假设有两个供应商，其中一个供应商的货品单位采购成本较低但交货提前期较长，称其为常规供应商；另一个供应商的货品单位采购成本较高但交货提前期较短，称其为应急供应商。与单源采购相比，双源采购在节约成本和控制风险上都更有优势，因此越来越为广大企业所青睐。定期盘点双源采购库存系统通常采用以下库存控制策略。

（1）单指数策略（single index policy）：该库存控制策略最早由舍勒 - 沃尔夫等（Scheller-Wolf et al.，2007）提出。令每个阶段的库存位置为 X，应急订货点为 z_e，常规订货点为 z_r，且 $z_r > z_e$。在每个周期的期初，系统先判断是否需要向应急供应商下单补货，当 $X < z_e$ 时，系统向应急供应商下单订货，补货数量为 $z_e - X$；否则，系统不向应急供应商下单补货。之后，系统再判断是否向常规供应商下单补货，当 $X < z_r$ 时，系统向常规供应商下单订货，补货数量为 $z_r - X$；否则，系统不向常规供应商下单补货。在该策略中，单指数体现在两个订货点 z_e 和 z_r 同时由优化某一个指数 Δ 所确定。当两个供应商的提前期时

间差一个周期的时候，该库存控制策略被证明是最优的。

（2）双指数策略（dual index policy）：该库存控制策略最早由维拉格拉罕和舍勒 – 沃尔夫（Veeraraghavan & Scheller-Wolf，2008）提出。令每个阶段的库存水平（在库库存）为 I，应急供应商的交货提前期为 l_e，常规供应商的交货提前期为 l_r，应急库存位置为 X_e（在库库存加上 l_e 个周期内的在途库存），常规库存位置为 X_r（在库库存加上所有的在途库存），应急订货点为 S_e，常规订货点为 S_r，$\Delta = S_r - S_e > 0$。在每个周期的期初，系统先判断是否需要向应急供应商下单补货，当 $X_e < S_e$ 时，系统向应急供应商下单订货，补货数量为 $S_e - X_e$；否则，系统不向应急供应商下单补货。之后，系统再判断是否向常规供应商下单补货，当 $X_r < S_r$ 时，系统向常规供应商下单订货，补货数量为 $S_r - X_r$；否则，系统不向常规供应商下单补货。在该策略中，双指数体现在两个订货点 S_e 和 S_r 由两个指数 S_e 和 Δ 所分别优化确定。双指数策略是对单指数策略的改进。数值试验显示双指数策略所得到的最优成本只比使用动态规划得到的实际最优成本高出 1% ~ 2%，而且明显比单指数策略下的最优成本更低。

（3）定制基准 – 激增（tailored Base-Surge，TBS）策略：令每个阶段的库存水平（在库库存）为 X，常规供应商与应急供应商的交货提前期之差为 l^{Δ}，系统目标库存水平为 S。在每个周期的期初，系统向常规供应商下达数量为常量 Q 的订单。同时，如果紧急库存位置 $(X - l^{\Delta}Q)$ 小于目标库存水平 S，那么系统再向紧急供应商下订单，并使库存位置达到 S；否则，系统不再向紧急供应商下订单。

1.2.3　按需求特征

此外，按照需求特征来分类，库存系统可以分成确定需求的库存系统和随机需求的库存系统，而随机需求的库存系统又可以分成需求时序独立的库存系统和需求时序相关的库存系统。确定需求的库存系统和需求时序独立的库存系统的研究已经比较全面和成熟，而需求时序相关的库存系统的研究还有待进一步深入。在传统上，研究者们总是假设各个周期之间的需求是相互独立的，一般假设为独立同分布。

然而，近些年来，研究发现，在许多行业的库存系统中，各个周期之间的需求存在着相关关系。导致这种需求时序相关的环境因素有：企业供应链系统的动态变化（Sterman，2000；Argon et al.，2001；Li，2013）、企业的竞争战略（Kandori，1991；Sterman et al.，2007；Sapra et al.，2010；Chen et al.，2012）、市场环境条件（Song & Zipkin，1993；Shang，2012）和行业的特殊因素（Urban，2005）。研究还发现不仅不同类型的商品之间的需求存在着时序相关性（Zhang，1999；Goyal & Netessine，2011），而且不同产业之间的需求也呈现出时序相关性，比如在科技、铁路、汽车、零售以及多数的消费品制造业。例如，埃尔基普等（Erkip et al.，1990）发现消费品的需求往往具有时序相关性，在某些例子中，它们的相关系数高达 0.7。李等（Lee et al.，1997）发现高科技行业中需求的时序相关模式往往呈现出正向的自回归模式。基于一个超市两年期的周销售面板数据，李等（Lee et al.，2000）发现商品销售量有着显著的正向自相关关系，其自相关系数为 0.26~0.89。

在企业战略行为研究领域，相关研究也表明公司追求"快速增长"战略，这些公司快速扩大产能，并且通过削价获得竞争优势以扩大市场份额，结果导致他们的需求模式在周期性地变动着（Sterman et al.，2007）。经济学的相关研究也揭示了在很多工业产业领域，在商品旺销期的价格战中需求也呈现出高度的时序相关性。

在当前的数字化时代，消费者需求的时序相关性也被营销领域的学者专家广泛地认可。社交媒体的发展为广大消费者提供了一个交换意见、偏好和购物经验的场所（Divol et al.，2012）。个体消费者被社交媒体赋予了比以往大得多的能耐，他们可以通过网络信息的生产与扩散去影响其他消费者（Kane & Fichman，2009）。通过公开与分享各自的关于商品和品牌的消费经验与看法，消费者们制造了网络口碑效应，影响了其他消费者，并最终影响了商品销售。随着社交媒体的兴起而流行起来的口碑营销与病毒营销（Aral & Walker，2011），使得消费者能够在网络上与其他消费者或者潜在的消费者分享对所购商品的看法和体验。如果正面的评价居多，就更容易提高潜在的消费者对该商品的购买意愿（Iyengar et al.，2011；Aral & Walker，2012）。从运营管理的角度来看，商品未来的需求会更依赖于现有的需求，过往的消费者的购买将对未来的消费者的购买产生显著的影响（Rogers，2003）。因此，消费者的需求变得越来越时序相关性。这种新兴的商品需求时序相关性的趋势对企业的库存管理和相应的供应链战略造成了巨大的挑战。

1.3 定期盘点库存系统的研究挑战

在定期盘点库存系统研究领域，大量的文献在研究各类库存策略的最优性，然而，除此之外，该领域的研究还存在着两大挑战：

（1）缺乏有效快速的算法来计算和表达系统的库存水平和库存成本，尤其针对一些复杂的库存系统以及需求时序相关的库存系统。当前，最常用的计算系统库存水平和库存成本的方法仍是仿真方法，该方法能够有效计算库存水平和库存成本。但是，由于系统中存在着各类随机变量和随机扰动，决策者需要通过执行足够多次的仿真来减小对仿真目标的估计误差，从而需要耗费大量的仿真时间。然而，计算机计算速度的提升仍然跟不上仿真方法对计算效率的需求，这也促使研究者需要不断提升仿真方法的计算效率。

（2）缺乏快速有效的优化算法来计算最优的库存策略参数。当前，计算最优库存策略的方法大体上有两类，第一类是利用具体的库存系统的需求、成本等方面的特性设计优化算法，第二类是使用一般的启发式算法进行优化。但是，对于复杂的库存系统（比如需求时序相关的库存系统、多源采购库存系统），需要优化的库存策略参数的数量成倍增加，这对第一类方法产生一定的挑战；另外，当需求不是服从某些特定分布而是更一般化，或者成本函数不具有线性、凸性等特性也是更一般化的时候，第一类方法不再适用于计算最优库存策略参数，在这种情况下，需要用第二类的启发式算法来解决。不过，与第一类的优化算法相比，第二类的启发式算法很少考虑目标系统的结构特性而导致算法效率较低，并且传统上往往将启发式算法与仿真方法相结合来优化库存策略参数，也就是仿真优化方法。但是，仿真优化方法同样存在着计算效率低的问题。

本书针对上述两大挑战，为常见的 (s, S) 库存系统和 TBS 双源采购库存系统设计了几种数值算法，可以有效且快速地计算库存成本和库存水平；并且，把上述数值算法与基于梯度的优化算法相结合，可以有效且快速地优化库存策略参数；同时，还引入次序变换和优化抽样的多精度优化方法和最优计算量分配方法，改进基于仿真的启发式算法的计算效率。虽然上述算法只针对两类库存系统所设计，但是它们也可以被应用到其他定期盘点库存系统中去。此外，本书还提出了使用 Copula 来构建时序相关的库存系统需求模型，以及具有折扣可变成本和有限订购的定期盘点库存系统以及一类库存路径问题。基于 Copula 的库存系统时序相关需求模型，以及带约束的库存与定价、库存与路径联合优化的问题也还有继续深入研究的空间。

1.4　文献回顾

1.4.1　(s, S) 库存系统研究

针对需求时序独立的 (s, S) 库存系统，在库存控制策略的最优性研究领域，阿罗等（Arrow et al.，1951）最早证明了 (s, S) 策略是一种定期盘点库存系统的最优策略，斯卡夫（Scarf，1960）和伊格尔哈特（Iglehart，1963）也证明了该控制策略对于一类库存系统而言都是最优的。此后数十年来，众多学者研究了各种类型的 (s, S) 库存控制策略的最优性。这方面的文献很多，这里就不再赘述。在优化库存控制策略参数的算法研究领域，文献中有多种算法可以计算最优的 (s, S) 策略参数，不过，几乎所有的算法都针对需求为离散型的情况（比如，Veinott & Wagner，1965；Federgruen & Zipkin，1984；Porteus，1985；Zheng & Federgruen，1991；Feng & Xiao，2000）。只有费德格伦和兹普金（Federgruen & Zipkinl，1985）针对需求为连续型的情况，提出了一种基于策略迭代的方法来计算最优的 (s, S) 策略；他们的方法对于指数型需求很有效，然而，对于非指数型需求，他们的方法在计算上变得相当复杂。另外，戴伟民等（Dai et al.，2023）也针对连续型需求，使用胡建强等（Hu et al.，1993）所提出的方法来计算系统的库存成本以及相关导数，然后结合基于梯度的算法计算最优的 (s, S) 策略。

针对需求时序相关的 (s, S) 库存系统，文献数量要少得多，这里作较为详细的介绍。（1）在库存控制策略的最优性研究领域，塞西

和程（Sethi & Cheng，1997）用马氏需求（Markovian demand）来构建需求的时序相关性，以最小化总库存成本为目标，证明了 (s, S) 策略对于需求时序相关的、具有固定订货成本的库存系统而言是最优的。之后，拜尔和塞西（Beyer & Sethi，1997）在前述模型的基础上假设库存的成本函数是凸的，在此假设下也证明了 (s, S) 策略的最优性。针对需求时序相关的库存系统，证明 (s, S) 策略最优性的其他文献还有：假设供应是随机的情况（Ozekici & Parlar，1999），假设更一般化的成本函数的情况（Beyer et al.，1998），假设缺货不回补的情况（Cheng & Sethi，1999）以及多层库存系统的情况（Chen & Song，2001）。（2）除了上述这些研究一般化的马氏需求环境的文献，宋京生和兹普金（Song & Zipkin，1993）研究了一个需求为马尔可夫驱动的泊松过程的库存模型（an inventory model with Markov-modulated demands）。他们假设成本函数是线性的，证明了 (s, S) 策略的最优性，并给出了寻找最优策略参数的算法。本苏桑等（Bensoussan et al.，2006）也针对类似的问题证明了 (s, S) 策略的最优性。贝克霍弗和路德可夫斯基（Bayraktar & Ludkovski，2010）把宋京生和兹普金（Song & Zipkin，1993）的模型拓展到连续时间的、由不可观测的马尔可夫过程驱动的非平稳需求的库存系统，他们证明了一种依赖于时间和信念的 (s, S) 策略 ［a time-and belief-dependent (s, S) policy］的最优性，并且也提出了一种计算最优策略的数值算法。（3）有一些文献使用动态规划来研究库存策略的最优性。比如，萨普拉等（Sapra et al.，2010）考察了一个当期需求与上期库存水平呈现相关关系的库存系统，证明了在该系统中定期盘点的库存策略仍然是最优的。陈友华等（Chen et al.，2012）则证明了 (s, S) 策略在如下库存系统中也是最优的：该系统具有固定订货成本，并且各个周期的需求与库存水平呈现相关关系。李晓明（Li，2013）研究了一个具有马氏需求和马氏退货流的库存系统，同样证明了 (s, S) 策略是最优的。（4）有部分文献研究了具有特定的相关性需求模式的 (s, S) 库存系统。比如，格雷夫斯（Graves，1999）考察了一个单商品的库存系统，该系统的需求具有自回归、积分滑动平均过程（integrated moving average process）的性质，他提出了一种自适应的基本库存策略。厄本（Urban，2005）则构建了一个具有自回归并依赖于库存水平的顾客需求的定期盘点库存模型，并且设计了基于临界分位数（critical fractile）的自适应基本库存策略。阿尔贡等（Argon et al.，2001）则研究了另一种特殊的具有相关需求的基本库存系统，在该系统中当期需求与上期的缺货量具有相关关系。克罗生等（Croson et al.，2004）也研究了与阿尔贡等（Argon et al.，2001）所提的类似的库存系统，但是他们引入了一个"协调风险"的因子，并且指出"协调风险"会导致决策者背离最优策略。库珀和兰加拉贾（Cooper & Rangarajan，2012）开发了一种求解未知转移概率和未知成本函数的马尔可夫决策过程的方法，这些未知的转移概率和成本函数只能基于历史数据作实证估计。由于这方面的研究关注具有特定的相关性需求模式的库存系统，因此这些结果需要进一步推广到更一般化的情形。陈杰等（2015）基于多元马尔可夫模型，建立了针对产品的需求预测模型，并证明了多产品的最优 (s, S, p) 策略的存在性，最后在算例中给出最优策略的数值解。胡建强等（Hu et al.，2016）为需求时序相关的 (s, S) 库存系统设计了数值算法，可以有效且快速地计算系统的库存水平和库存成本。邱若臻等（Qiu et al.，2017）研究了需求分布不确定的多阶段库存问题，使用鲁棒动态规划方法证明了 (s, S) 是该系统最优的库存策略。上述文献主要关注证明库存策略的最优性，部分文献基于特定的需求、成本等方面的假设提出计算最优库存控制策略参数的算法。

在优化库存控制策略参数的算法研究领域，一部分文献基于系统需求和成本特性设计了优化算法，比如，刘黎明和袁学明（Liu & Yuan，2000）所研究的库存系统假设需求的到达服从一个泊松过程，据此推导出库存控制策略参数的最优解析解。宋和兹普金（Song & Zipkin，1993）研究的库存系统的需求是一个马尔可夫驱动的泊松过程，相关的成本函数假设是线性的，他们在此假设下设计了库存控制策略参数的优化算法。瓦利德和玛达哈（Walid & Maddah，2015）研究了与宋京生和兹普金（Song & Zipkin，1993）类似的问题，其中需求为马尔可夫驱动的泊松过程，但他们提出了更有效的算法来优化库存控制策略的参数。冯灏霖等（Feng et al.，2015）研究了多产品、需求服从泊松分布的连续盘点的库存系统，先用马氏决策过程的方法计算最优策略，但仅限于小规模的问题，然后根据最优策略的结构，设计了启发式策略，并提供了计算该策略参数的算法。还有更多的文献使用启发式算法优化库存控制策略，比如，邹庆士（Tsou，2009）使用类电磁机制算法和粒子群优化算法来优化多目标的连续盘点的库存模型；塔雷扎德哈等（Taleizadeh et al.，2013）使用模糊仿真和遗传算法来优化具有模糊需求和多产品的库存系统；萨拉卡格鲁等（Saracoglu et al.，2014）使用遗传算法优化多产品多阶段的 (Q, r) 库存模型；朱晨波等（2022）使用基于次序变换和优化抽样的多精度优化方法，通过引入多精度模型，研究了一类需求时序相关的 (s, S) 库存系统的策略优化问题，提出了两种改进型粒子群优化算法求解该类问题；数值算例结果表明，相较于一般的粒子群优化算法，提出的改进型粒子群优化算法具有明显更高的计算效率。与基于系统需求、成本特性设计的优化算法相比，启发式算法适合于用来优化假设较少、结构较复杂、一般化的库存系统，其缺点是因为没有考虑目标系统的结构特性而导致算法效率较低。

1.4.2　双源采购库存系统研究

研究双源采购库存系统的文献数量还是不少的，但是很少有文献考虑需求时序相关的情形。与单一供应源采购不同，双（多）源采购的最优库存控制策略已经被证明是非常复杂的（Sethi et al.，2001，2003；Feng et al.，2006；Zhang et al.，2012；Zhang & Hua，2013；Hua et al.，2015）。其中，塞西等（Sethi et al.，2003）考察了一个比较特殊的双源采购库存系统，该系统具有需求预测信息更新的特点，他们证明了常规采购和紧急采购的最优库存控制策略都是（s，S）型的。章魏等（Zhang et al.，2012）、章魏和华中生（Zhang & Hua，2013）研究了具有采购成本结构差异和采购最大量限制的双源采购库存系统，根据成本函数的性质，部分刻画了该系统的最优库存控制策略的结构。华中生等（Hua et al.，2015）则研究了具有一般化的提前期的双源采购系统，并利用 $L^{\#}$ 凸性刻画了最优库存控制策略的敏感性，并据此提出了一个启发式库存控制策略。陈文博和杨惠霄（Chen & Yang，2019）在需求和供给都不确定的情况下，研究了双源采购库存系统，他们对具有 $L^{\#}$ 凸性的价值函数做了二次逼近，然后设计了基于线性规划的贪婪启发式算法计算最优策略。

出于双源采购最优库存控制策略的复杂性，更多的学者提出了近似或启发式的库存控制策略。舍勒 – 沃尔夫等（Scheller-Wolf et al.，2007）针对具有平稳需求、允许库存积压、定期盘点的双源采购问题，提出了单指数策略。而维拉格拉罕和舍勒 – 沃尔夫（Veeraraghavan & Scheller-Wolf，2008）改进了单指数策略，提出了易于操作而又表现优秀的双指数策略，并给出了基于仿真的策略参数的计算方法。谢奥普里等（Sheopuri et al.，2010）进一步深入研究了双指数策略。

宋京生和兹普金（Song & Zipkin, 2009）把需求是泊松过程的双源采购系统当作是具有溢出旁路（overflow bypass）的排队网络，并给出了库存控制策略参数优化的解析解，另外，他们也为具有非泊松过程需求的双源采购、多源采购等更为复杂的系统提出求解思路。切伊图和范德尔夫特（Cheaitou & van Delft, 2013）研究的双源采购问题假设各个周期的需求是独立的随机变量，但不一定是同分布的，因此需求具有不平稳性，他们在允许库存积压的定期盘点环境下研究了该问题的最优库存控制策略结构，并设计了计算最优库存策略参数的启发式算法。章魏（2014）分别研究了采购成本结构差异下的双源采购、采购提前期差异下的双源采购，以及碳排放差异下的多源采购三类问题的最优库存控制策略，使用随机动态规划建模，并利用目标函数的性质，刻画了离散时间的动态采购与库存控制的最优策略结构或其结构性质。宋等（Song et al., 2016）考察了一个具有泊松需求和缺货回补的双源采购库存系统，他们设计了一种基于排队论和最优控制的算法，可以得到该库存系统的最优补货策略，并提出一种近似最优的启发式补货策略。娄山佐等（2018）使用连续时间马尔可夫链、水平穿越和鞅理论，分别确定了双源采购库存系统的库存水平分布以及循环的期望费用和时间函数，并构建了该系统的长期平均费用率模型。孙建坤和范米格姆（Sun & van Mieghem, 2019）则针对供应有限的系统，提出了封顶双指数（capped-dual-index）策略。

2010 年，阿隆和范米海姆（Allon & van Mieghem, 2010）最先提出了名为定制基准 – 激增（tailored Base-Surge, TBS）的启发式策略，对于常规货源按恒速采购，而对于紧急货源则只有当加急库存水平降到某一个阈值以下才进行采购（相当于基本库存策略），其中加急库存水平是指净库存量加上将在紧急采购提前期内送达的在途库存量。他们推测：常规采购与紧急采购的提前期之差越大，该策略就越有效。之后，克洛斯特哈尔芬等（Klosterhalfen et al.，2011）用数值实验表明了 TBS 策略与双指数策略是不相上下的，在某些情境下表现得比双指数策略更好。而贾纳基拉曼等（Janakiraman et al.，2015）则先在特殊的需求结构下解析地证明了在一定程度上 TBS 策略是最优的，再通过大量的数值实验验证了阿隆和范米海姆（Allon & van Mieghem，2010）的上述推测。辛林威和戴维（Xin & David，2015）证明了 TBS 策略关于常规采购提前期的渐进最优性。辛林威和戈德伯格（Xin & Goldberg，2018）进一步证明了随着两个供应商的交货提前期之差增大，TBS 策略是渐进最优的。董等（Dong et al.，2018）构建了一个具有两种运输模式的单产品、单通道的交通方式划分模型，这是一类推广的 TBS 策略，他们得到了该问题的近似问题的解析解。董和查兰斯彻（Dong & Transchel，2020）为交通方式划分模型构建了一个更为一般的 TBS 双源采购库存模型，通过使用动态规划结合二分法寻找最优的库存策略。斯里帕德等（Sripad et al.，2023）证明了最优 TBS 策略下库存成本的渐进收敛结果，该结果是目前已知的 TBS 双源库存系统最优成本的最佳上界。哈姆杜什等（Hamdouch et al.，2023）研究了一个双层双源采购库存系统，其中下层的买方需要做订货决策，上层的卖方需要做生产决策，然后通过使用仿真优化方法比较了双指数策略和 TBS 策略的优劣。朱晨波（Zhu，2020）、为 TBS 双源采购库存系统设计了数值算法用来计算系统的库存水平和库存成本，之后，朱晨波等（Zhu et al.，2024）设计了基于梯度的数值优化算法用来优化库存策略的参数。

　　上述文献除了研究双源采购库存系统的最优库存控制策略的结构之外，主要提出了诸如单指数、双指数以及 TBS 等近似或启发式的库存控制策略；在库存控制策略的参数优化方面，部分文献利用需求、成本函数的特性设计了启发式算法；缺乏考虑需求时序相关情形的文献，只有塞西等（Sethi et al. ，2003）研究的每个周期更新需求预测信息的双源采购问题可以认为是需求时序相关的，他们证明了（s，S）型库存控制策略的最优性，但是没有提供有效的库存策略参数的优化算法。

1.4.3 考虑订购量限制的库存系统研究

在库存理论中，最基础的一个结论便是证明了具有固定订购成本的库存系统的最优补货策略为（s，S）策略（Scarf，1960；Veinott，1966），但是，该结论成立有一个重要的假设是订购量是无限制的，即：不管订购多少数量的商品，商品总能在一个订货提前期结束时送达，且订单的完成与订货量是独立的。这个假设很明显不符合企业实践。

一些学者已经研究了考虑订购量限制的库存系统的最优补货策略。假设固定订购成本为 0，在这种特殊的情形下，费德格伦和兹普金（Federgruen & Zipkin，1986a，1986b）证明了考虑订货量限制的库存系统的最优补货策略是最优基本库存策略的一类变形。然而，如果库存系统的固定订购成本大于 0，考虑订货量限制的库存系统的最优补货策略不是简单地对（s，S）策略做某种变形，而是变得非常复杂，陈和兰伯瑞（Chen & Lambrecht，1996）以及维纳德（Wijnaard，1972）分别通过反例证明了上述结论。已有文献研究了具有固定订购成本和订购量限制的库存系统最优补货策略的结构，比如加耶果和舍勒 – 沃尔夫（Gallego & Scheller-Wolf，2000）的研究。他们得到该系统的最优策略为：当库存水平低于 X 时，最优订购决策为订购尽量多的商品直至订购量上限，当库存水平高于 $Y(Y > X)$ 时，最优订购决策为不订货，但是当库存水平在 X 和 Y 之间时，最优订购决策则相当复杂。加耶果和舍勒－沃尔夫（Gallego & Scheller-Wolf，2000）在 X 和 Y 的基础上，还考虑了另外两个阈值 s 和 s'，从而在四个区域中刻画该系统的最优补货策略。加耶果和德也（Gallego & Toktay，2004）考察了一个更简单但约束假设也更严格的具有固定订购成本和订购量限制的库存系统，他们额外假设每个阶段的订购量必须或者是 0 或者是订购量上限，此时，该特殊库存系统的最优策略类似于 $(s，S)$ 策略。在考虑订购量限制的基础上，还有一些学者联合优化了补货策略和定价策略。赵等（Chao et al.，2012）研究了一个具有订购量限制和固定订购成本的定期盘点库存系统的联合最优补货和定价策略，他们证明了该策略可以由一个 $(S，S'，p)$ 策略部分地刻画，且该策略依赖于每个阶段的初始库存水平的数值。杨白玫和徐以汎（2013）针对一个具有有限容量和开机成本的生产－库存系统，假设未及时满足的需求都会丢失，且如果机器关闭时，库存产品的销售价格有高价和低价两类，但如果机器开机时，库存产品只能以高价出售；他们为该系统找到最优的 $(s，d，S)$ 策略，并开发了有效的算法。朱晨波等（Zhu et al.，2022）研究了一个具有有限订购的定期补货库存系统，并且假设当订货量达到订货上限时，订货变动成本可以打折扣，该库存系统的目标为最大化长期总利润；基于强 CK－凹的性质，可以证明该系统的最优定价与补货策略由一个 $(S，S'，p)$ 策略部分地刻画，且该策略依赖于每个阶段的初始库存水平的数值。

1.4.4　库存路径问题研究

库存和运输活动的联合优化问题就是库存路径问题。库存路径问题可以分为确定需求和随机需求两大类。在确定需求的库存路径问题研究领域，赫雷罗和郎迪（Herer & Roundy，1997）提出了数种启发式算法来求解车辆数目无限制的情况下需求确定的库存路径问题。维斯瓦纳坦和马图尔（Viswanathan & Mathur，1997）则提出了基于多产品、车辆数目无限、确定需求下的 IRP 的启发式算法。坎贝尔等（Campbell et al.，1998）提出了一种两阶段分解算法求解确定需求下的有车辆限制的短期单产品库存路径问题。贝尔托西等（Bertazzi et al.，2002）研究了确定需求下的单车辆的库存路径问题。赵秋红等（Zhao et al.，2007）运用禁忌搜索算法研究需求确定但互相不独立的有车辆限制的库存路径问题，并提出解决该问题的一种固定分割策略。柯艾略等（Coelho et al.，2012）在多车辆库存路径问题的目标中考虑供应商和顾客利益的一致性，为此构建了混合整数规划模型，并使用基于大规模领域搜索的启发式算法求解该问题。唐金环（2017）在碳减排背景下研究了一类选址 – 路径 – 库存集成问题，考虑了碳配额差值、道路状况、顾客对低碳产品的认知水平和行为水平等对研究这类问题的影响。张震（2019）则把选址 – 路径 – 库存集成问题扩展到多商品、多来源的闭环供应链的背景下，使用了数学规划和启发式方法求解这些问题。刘志硕等（2024）针对推式配送模式和小容销比客户，将多次配送决策与车辆调度决策进行集成，提出了小容销比客户库存路径问题，并设计了融合模拟退火的混合变邻域搜索算法有效解决该实际问题。张熠沛等（Zhang et al.，2024）研究了闭环库存路径问题，为该问题构建了线性整数规划模型，并设计了基于定制核搜索的元启发式算法求解该问题。

在不确定需求的库存路径问题研究领域，雷曼等（Reiman et al.，1999）分析了需求随机、单车辆、长期的库存路径问题策略。切廷卡亚和李（Cetinkaya & Lee，2000）研究了需求随机、车辆数目无限、可以积累订单、长期的库存路径问题。克莱维特等（Kleywegt et al.，2002）考虑了直接配送的二层随机库存路径问题，构建了一个马尔可夫决策过程模型，并通过动态规划近似算法进行求解；随后，克莱维特等（Kleywegt et al.，2004）在此基础上提出了解决一般的二层随机库存路径问题。谢等（Xie et al.，2005）运用启发式算法，构造了一种改进的经济订货批量模型，以解决 B2C 电子商务环境下的随机库存路径问题。加鲁古米丽等（Jarugumilli et al.，2006）采用随机模拟的方法研究需求随机、单车辆的库存路径问题。阿尔切蒂等（Archetti et al.，2007）则用分支定界法求解短期随机库存路径问题。朱晨波等（2007）提出了一种有车辆限制、直接配送的无限阶段三层随机库存路径问题，并运用马尔可夫决策规划解决此问题。通过把该问题分解成若干个具有马氏性的子问题，降低了运算难度，得到该问题的近似最优解。傅成红（2010）从单周期离散随机需求库存路径问题出发，研究了几类多周期随机需求库存路径问题，包括短计划期随机需求库存路径问题、滚动多周期需求库存路径问题和多周期三层级库存路径问题。索拉利等（Solyali et al.，2012）考察了一类鲁棒库存路径问题，供应商只能获知顾客需求分布函数的部分信息，他们为该问题构建了两个鲁棒混合整数规划模型，并使用分支切割算法（branch-and-cut algorithm）求解整数规划模型。阿尔切蒂等（Archetti et al.，2012）考察了一个离散时间的、顾客具有库存量上限但服务能力无限的库存路径问题，且只有一辆车服务所有顾客，他们提出两类补货策略，并使用结合禁忌搜索和混合整数规划的启发式方法求解该问题。赵达（2014）根据配送方式的不同，研究了基于直接配送策略下的、无车辆配送能力限制的、基于固定分区策略下的以及一般结构的随机需求库存 - 路径问题。胡皓（2020）考察了危险化学品行业的库存路径问题，并将降低危险化学品供应链风险作为重要的优化目标，考虑事故风险、市场需求和销售价格等不确定因素，使用模糊理论、数学规划和启发式算法求解该问题。李家斌（2021）针对物流包装租赁共享系统的库存路径问题做研究，并使用数学规划和启发式算法求解。阿卡姆拉等（Achamrah et al.，2022）研究了随机动态库存路径问题，并且考虑了货品转运和替代策略以应对顾客端的货品短缺问题，并结合数学建模、遗传算法和深度学习等方法解决该问题。杨华龙等（2024）针对全渠道模式下电商库存路径及定价问题，考虑各前置仓需求不确定因素，提出了一种按照不同售卖渠道进行商品差异化定价策略，并构建以总利润最大化为目标的混合整数非线性鲁棒优化模型，最后设计了自适应模拟退火粒子群算法进行求解。

对于确定需求的库存路径问题，现有研究大都通过构建整数规划模型，并运用启发式算法、禁忌搜索算法或拉格朗日对偶算法等算法，能较好地解决该问题；对于不确定需求的库存路径问题，现有研究主要通过构建混合整数规划模型、改进的随机经济订货批量模型或马尔可夫决策规划模型，并运用各种启发式算法或随机模拟的方法解决该问题。

1.5 本书的内容安排

本书针对 (s, S) 库存系统和 TBS 双源采购库存系统，提出了几种数值算法，用以有效快速地计算系统的库存水平和库存成本，同时，为优化库存策略参数的问题设计了基于梯度的数值优化算法，并改进了传统上基于仿真的启发式算法的计算效率。具体内容安排如下：

第 1 章 绪论：简要介绍库存和定期盘点库存系统，以及定期盘点库存系统的研究挑战，并给出本书的内容安排。

第 2 章 需求时序独立的 (s, S) 库存系统的数值算法：考察一类需求时序独立的定期盘点 (s, S) 库存系统，基于一个无穷维的线性方程组，设计三种数值算法来计算该系统库存水平的各阶矩。

第 3 章 需求时序相关的 (s, S) 库存系统的数值算法：考察一类需求时序相关（由马尔可夫过程驱动）的定期盘点 (s, S) 库存系统，提出两种数值算法，计算该系统的库存水平和库存成本。

第 4 章 基于梯度的 (s, S) 库存系统的数值优化：再次考察需求时序独立的定期盘点 (s, S) 库存系统，选择最速下降法和保守 BFGS 算法，分别与第 2 章所提的数值方法相结合，用来计算最优的 s 和 S。

第 5 章 基于多精度模型和粒子群算法的 (s, S) 库存系统优化：再次考察一类需求时序相关的定期盘点 (s, S) 库存系统，基于次序变换和优化抽样的多精度优化方法，提出两种改进型粒子群优化算法来计算最优的库存策略参数。

第 6 章 Tailored Base-Surge 策略下双源库存系统的数值优化：考察 TBS 策略下的双源采购库存系统，设计两种数值算法计算该系统的库存水平、库存成本以及库存成本关于库存策略参数的导数，再与 CBFGS 算法相结合来优化库存策略参数。

第 7 章 具有折扣可变成本和有限订购的定期盘点库存系统：研究一个具有折扣可变成本和有限订购的定期补货库存系统，基于强 CK – 凹的性质，可以证明该系统的最优定价与补货策略由一个 (S, S', p) 策略所部分地刻画，且该策略依赖于每个阶段的初始库存水平的数值。

第 8 章 库存与路径的联合优化：提出一种有车辆限制、直接配送的无限阶段三层随机库存路径问题，并运用马尔可夫决策规划解决此问题。通过把该问题分解成若干个具有马氏性的子问题，降低了运算难度，得到该问题的近似最优解。

第 9 章 结论与展望：总结本书的主要内容，并对未来的进一步研究内容进行了展望。

第 2 章　需求时序独立的 (s, S) 库存系统的数值算法

本章考察一类定期盘点 (s, S) 库存系统，假设该系统的需求是连续的且独立同分布，另外，每个周期的缺货是需要完全回补的。基于一个无穷维的线性方程组，可以设计三种算法，计算得到该系统的库存水平的各阶矩。在第一种算法中，证明了随着方程组的维数趋向无穷大，该线性方程组的解趋向库存水平的各阶矩，从而，通过求解一个有限维的线性方程组得到库存水平的各阶矩。在第二种算法中，主要涉及一个简单的递归过程。在第三种算法中，先得到该系统库存水平各阶矩的关于 s 和 S 的一组幂级数（麦克劳林级数），再设计算法计算得到库存水平各阶矩。上述三种算法实际上都基于很简单的递归方程。本章最后通过数值算例，验证上述算法的计算效率和速度。

2.1　基本系统

考察一个具有独立同分布需求的定期盘点 (s, S) 库存系统。令 D_n 为第 n 期的需求量，D 为任一周期的需求，其分布函数为 $F(\cdot)$，

密度函数为 $f(\,\cdot\,)$。假设 $f(x)$ 的麦克劳林级数绝对收敛于 $x = S - s$，对于所有的位相型分布（phase-type distribution），这个假设都是成立的。令 X_n 是周期 n 期初的库存位置（在库库存加在途库存）。如果库存位置低于 s，那么需要下订单使库存位置回到 S，否则不需要下订单，库存位置将减去当期需求从而继续下降。因此，X_n 的递归动态方程为：

$$X_{n+1} = \begin{cases} X_n - D_n, & X_n \geqslant s \\ S - D_n, & X_n < s \end{cases} \tag{2.1}$$

为了便于阐述，在本章，我们关注库存位置（在库库存加在途库存水平）。需要指出的是，在许多情况下，人们可能会对库存水平感兴趣；不过，库存水平可以很容易地根据库存位置以及订货提前期计算出来。当然，如果订单能瞬间交付，那么库存位置与库存水平是相同的。

假设过程 $\{X_n\}$ 是平稳且遍历的，即：$X_n \xrightarrow{d} X$；在一些宽松的条件下，该过程的平稳性和遍历性可以通过使用广义再生过程来证明，证明可详见克莱恩和伊格尔哈特（Crane & Iglehart，1975）。为了简化符号和推导，这里引入：

$$Y_n = X_n + D_{n-1} - s$$
$$Y = X + D - s$$
$$q = S - s$$

其中，当 $n = 0$ 时，$D_{-1} = 0$。那么由式（2.1）可得：

$$Y_{n+1} = \begin{cases} Y_n - D_{n-1}, & Y_n - D_{n-1} \geqslant 0 \\ q, & Y_n - D_{n-1} < 0 \end{cases} \tag{2.2}$$

显然，Y_n 和 D_{n-1} 是相互独立的，且对于所有 n，有 $0 \leqslant Y_n \leqslant q$。在式

（2.2）中，令 $n \to \infty$ ，可以得到：

$$Y \stackrel{d}{=} \begin{cases} Y - D, & Y - D \geqslant 0 \\ q, & Y - D < 0 \end{cases} \tag{2.3}$$

式（2.3）右边的 Y 和 D 是相互独立的，且 $0 \leqslant Y \leqslant q$ 。由式（2.3）可得：

$$\begin{aligned} E[Y^k] &= E\left[(Y-D)^k I(Y \geqslant D) + q^k I(Y < D)\right] \\ &= E\left[\int_0^Y (Y-x)^k f(x)\,\mathrm{d}x + q^k (1 - F(Y))\right] \\ &= E\left[\int_0^Y \sum_{j=0}^{\infty} \frac{f^{(j)}(0)}{j!}(Y-x)^k x^j \mathrm{d}x + q^k \left(1 - \int_0^Y \sum_{j=0}^{\infty} \frac{f^{(j)}(0)}{j!} x^j \mathrm{d}x\right)\right] \\ &= E\left[\sum_{j=0}^{\infty} \frac{k! f^{(j)}(0)}{(k+j+1)!} Y^{k+j+1} + q^k \left(1 - \sum_{j=0}^{\infty} \frac{f^{(j)}(0)}{(j+1)!} Y^{j+1}\right)\right] \\ &= q^k - q^k \sum_{j=0}^{\infty} \frac{f^{(j)}(0)}{(j+1)!} E[Y^{j+1}] + \sum_{j=0}^{\infty} \frac{k! f^{(j)}(0)}{(k+j+1)!} E[Y^{k+j+1}] \\ &\stackrel{\triangle}{=} q^k + \sum_{i=0}^{\infty} \left(\alpha_{kj} E[Y^{k+j+1}] - \beta_j q^k E[Y^{j+1}]\right), k = 1, 2, \cdots \quad (2.4) \end{aligned}$$

其中，

$$\alpha_{kj} = \frac{k! f^{(j)}(0)}{(k+j+1)!}, \beta_j = \frac{f^{(j)}(0)}{(j+1)!} \tag{2.5}$$

因为幂级数 $\sum_{j=0}^{\infty} \frac{|f^{(j)}(0)|}{j!} z^j$ ， $\sum_{j=0}^{\infty} |\beta_j| z^{j+1}$ 和 $\sum_{j=0}^{\infty} |\alpha_{kj}| z^{k+j+1} (k = 1, 2, \cdots)$ 对于任意的 $z \in [0, q]$ 和 $0 \leqslant Y \leqslant q$ 都收敛，因此，根据控制收敛定理，上述推导中所有计算符号（求和、积分和取均值符号）的顺序都可以相互交换。式（2.4）是一个无穷维的线性方程组，该方程组将在后面的算法中发挥关键作用。

2.2　库存水平的各阶矩

将式（2.4）写成矩阵形式，可得：

$$
\begin{bmatrix}
1 & -\alpha_{10}q & -\alpha_{11}q^2 & -\alpha_{12}q^3 & \cdots \\
0 & 1 & -\alpha_{20}q & -\alpha_{21}q^2 & \cdots \\
0 & 0 & 1 & -\alpha_{30}q & \cdots \\
0 & 0 & 0 & 1 & \cdots \\
\vdots & \vdots & \vdots & \vdots &
\end{bmatrix}
\begin{bmatrix}
E[Y]/q \\
E[Y^2]/q^2 \\
E[Y^3]/q^3 \\
E[Y^4]/q^4 \\
\vdots
\end{bmatrix}
=
\begin{bmatrix}
1-u \\
1-u \\
1-u \\
1-u \\
\vdots
\end{bmatrix}
$$

$$(2.6)$$

其中，

$$
u = \sum_{j=0}^{\infty} \beta_j E[Y^{j+1}] < \infty
$$

因为 $1-u = E[I(Y<D)] = Pr(Y<D)$，所以 $0 \leqslant 1-u \leqslant 1$。如果 $1-u=0$，则 $E[D]=0$，这意味着 $D=0$ 的概率为 1，因为 $D \geqslant 0$。这是一个很极端的例子。因此，可以假设 $1-u>0$。

令 $W_k = \dfrac{E[Y^k]}{q^k(1-u)}(k=1,2,\cdots)$，$v = \sum_{j=0}^{\infty} \beta_j W_{j+1} q^{j+1}$，有：

$$
\begin{bmatrix}
1 & -\alpha_{10}q & -\alpha_{11}q^2 & -\alpha_{12}q^3 & \cdots \\
0 & 1 & -\alpha_{20}q & -\alpha_{21}q^2 & \cdots \\
0 & 0 & 1 & -\alpha_{30}q & \cdots \\
0 & 0 & 0 & 1 & \cdots \\
\vdots & \vdots & \vdots & \vdots &
\end{bmatrix}
\begin{bmatrix}
W_1 \\
W_2 \\
W_3 \\
W_4 \\
\vdots
\end{bmatrix}
=
\begin{bmatrix}
1 \\
1 \\
1 \\
1 \\
\vdots
\end{bmatrix}
\qquad (2.7)
$$

由于 $0 \leqslant E[Y^k]/q^k \leqslant 1$，因此 $\{W_k; k = 1, 2, \cdots\}$ 的上界为 $1/(1-u)$，从而有 $v < \infty$。根据 W_k 的定义，可以进一步得到：

$$(1-u)v = \sum_{j=0}^{\infty} \beta_j(1-u)W_{j+1}q^{j+1} = u$$

所以，

$$E[Y^k] = \frac{W_k q^k}{(1+v)} \tag{2.8}$$

使用康托罗维奇和克雷洛夫（Kantorovich & Krylov，1964）的研究结果，我们首先证明式（2.7）有一个唯一的解。

引理 2.1 考虑无穷维的线性方程组

$$\begin{bmatrix} 1 - c_{11} & -c_{12} & -c_{13} & \cdots \\ -c_{21} & 1 - c_{22} & -c_{23} & \cdots \\ -c_{31} & -c_{32} & 1 - c_{33} & \cdots \\ \vdots & \vdots & \vdots & \end{bmatrix} \begin{bmatrix} z_1 \\ z_2 \\ z_3 \\ \vdots \end{bmatrix} = \begin{bmatrix} b \\ b \\ b \\ \vdots \end{bmatrix}$$

其中，b 是实数，并且，对于某个常数 $\theta \in (0,1)$，实数 c_{ij} 满足条件

$$\sum_{k=1}^{\infty} |c_{ik}| \leqslant \theta < 1, (i = 1, 2, \cdots)$$

这个线性方程组有且仅有一组有界解 $\{z_i^*; i = 1, 2, \cdots\}$。进一步地，如果 $\{z_i^N; i | = 1, 2, \cdots, N\}$ 是有限维线性方程组

$$\begin{bmatrix} 1 - c_{11} & -c_{12} & \cdots & -c_{1N} \\ -c_{21} & 1 - c_{22} & \cdots & -c_{2N} \\ \vdots & \vdots & & \vdots \\ -c_{N1} & -c_{N2} & \cdots & 1 - c_{NN} \end{bmatrix} \begin{bmatrix} z_1 \\ z_2 \\ \vdots \\ z_N \end{bmatrix} = \begin{bmatrix} b \\ b \\ \vdots \\ b \end{bmatrix}$$

的解，那么 $\{z_i^*; i = 1, 2, \cdots\}$ 是一致有界的，即：对于某个常数 M，

$|z_i^N| < M$，且

$$z_i^* = \lim_{N\to\infty} z_i^N,(i = 1,2,\cdots,N)$$

其证明过程详见康托罗维奇和克雷洛夫（Kantorovich & Krylov，1964）的第 26～31 页。

定理 2.1 考虑无穷维线性方程组

$$\begin{bmatrix} 1 & -\alpha_{10}q & -\alpha_{11}q^2 & -\alpha_{12}q^3 & \cdots \\ 0 & 1 & -\alpha_{20}q & -\alpha_{21}q^2 & \cdots \\ 0 & 0 & 1 & -\alpha_{30}q & \cdots \\ 0 & 0 & 0 & 1 & \cdots \\ \vdots & \vdots & \vdots & \vdots & \end{bmatrix}\begin{bmatrix} z_1 \\ z_2 \\ z_3 \\ z_4 \\ \vdots \end{bmatrix} = \begin{bmatrix} 1 \\ 1 \\ 1 \\ 1 \\ \vdots \end{bmatrix} \qquad (2.9)$$

其中，α_{kj} 由式（2.5）定义，q 是任意非负实数，有且仅有一个有界解 $\{z_i^*;i = 1,2,\cdots\}$。进一步地，如果 $\{z_i^N;i = 1,2,\cdots,N\}$ 是有限维线性方程组

$$\begin{bmatrix} 1 & -\alpha_{10}q & \cdots & -\alpha_{1(N-2)}q^{N-1} \\ 0 & 1 & \cdots & -\alpha_{2(N-3)}q^{N-2} \\ \vdots & \vdots & & \vdots \\ 0 & 0 & \cdots & 1 \end{bmatrix}\begin{bmatrix} z_1^N \\ z_2^N \\ \vdots \\ z_N^N \end{bmatrix} = \begin{bmatrix} 1 \\ 1 \\ \vdots \\ 1 \end{bmatrix} \qquad (2.10)$$

的解，那么 $\{z_i^N; i=1, 2, \cdots, N\}$ 是一致有界的，且对于所有 $k = 1, 2, \cdots, N$，有

$$\lim_{N\to\infty} z_k^N = z_k^*$$

证明：首先，有

$$\sum_{j=0}^{\infty} |\alpha_{kj}q^{j+1}| = \sum_{j=0}^{\infty} \left| \frac{k!f^{(j)}(0)}{(k+j+1)!}q^{j+1} \right|$$

$$\leq q \sum_{j=0}^{\infty} \frac{1}{k+j+1} \left| \frac{f^{(j)}(0) q^j}{j!} \right|$$

$$\leq \frac{qL}{k+1}$$

其中，$L = \sum_{j=0}^{\infty} \left| \frac{f^{(j)}(0) q^j}{j!} \right| < \infty$。显然，对于任意 $q \geq 0$，存在一个正整

数 K 使得对于所有 $k > K$，有 $\sum_{j=0}^{\infty} |\alpha_{kj} q^{j+1}| \leq \theta < 1$，其中 $\theta \in (0,1)$。由

引理 2.1 可知方程组

$$\begin{bmatrix} 1 & -\alpha_{(K+1)0}q & -\alpha_{(K+1)1}q^2 & -\alpha_{(K+1)2}q^3 & \cdots \\ 0 & 1 & -\alpha_{(K+2)0}q & -\alpha_{(K+2)1}q^2 & \cdots \\ 0 & 0 & 1 & -\alpha_{(K+3)0}q & \cdots \\ 0 & 0 & 0 & 1 & \cdots \\ \vdots & \vdots & \vdots & \vdots & \end{bmatrix} \begin{bmatrix} z_{K+1} \\ z_{K+2} \\ z_{K+3} \\ z_{K+4} \\ \vdots \end{bmatrix} = \begin{bmatrix} 1 \\ 1 \\ 1 \\ 1 \\ \vdots \end{bmatrix}$$

有且仅有一组有界解 $\{z_i^*; i = K+1, K+2, \cdots\}$。因此，

$$\begin{bmatrix} 1 & -\alpha_{10}q & \cdots & -\alpha_{1(K-2)}q^{K-1} \\ 0 & 1 & \cdots & -\alpha_{2(K-3)}q^{K-2} \\ \vdots & \vdots & & \vdots \\ 0 & 0 & \cdots & 1 \end{bmatrix} \begin{bmatrix} z_1 \\ z_2 \\ \vdots \\ z_K \end{bmatrix} = \begin{bmatrix} 1 + \sum_{j=K+1}^{\infty} \alpha_{1j} q^{j+1} z_j^* \\ 1 + \sum_{j=K+1}^{\infty} \alpha_{2j} q^{j+1} z_j^* \\ \vdots \\ 1 + \sum_{j=K+1}^{\infty} \alpha_{kj} q^{j+1} z_j^* \end{bmatrix}$$

$$(2.11)$$

存在唯一有界解 [注意到式（2.11）等号右边的所有级数都收敛]。

因此，式（2.9）有且仅有一组有界解。

再基于引理 2.1，可知方程组

$$\begin{bmatrix} 1 & -\alpha_{(K+1)0}q & \cdots & -\alpha_{(K+1)(N-K-2)}q^{N-K-1} \\ 0 & 1 & \cdots & -\alpha_{(K+2)(N-K-3)}q^{N-K-2} \\ \vdots & \vdots & & \vdots \\ 0 & 0 & \cdots & 1 \end{bmatrix} \begin{bmatrix} z_{K+1}^N \\ z_{K+2}^N \\ \vdots \\ z_N^N \end{bmatrix} = \begin{bmatrix} 1 \\ 1 \\ \vdots \\ 1 \end{bmatrix}$$

$$(2.12)$$

的解 $\{z_k^N; k = K+1, K+2, \cdots, N\}$ 是一致有界的，并且

$$\lim_{N\to\infty} z_k^N = z_k^*, k = K+1, K+2, \cdots, N \tag{2.13}$$

考虑式（2.11）等号右边的级数，由于 $\{z_k^N; k = K+1, K+2, \cdots, N\}$ 是一致有界的，而且对于每个 $k = 1$，2，$\cdots$，K，在任意有界区间内，$\sum_{j=K+1}^{\infty} \alpha_{kj} q^{j+1} z$ 关于 z 一致收敛，因此，对于任意的 $k = 1$，2，$\cdots$，K，有

$$\sum_{j=K+1}^{\infty} \alpha_{kj} q^{j+1} z_j^* = \lim_{N\to\infty} \sum_{j=K+1}^{N} \alpha_{kj} q^{j+1} z_j^N$$

（对于所有 $i > N$，$z_i^N = 0$。）这意味着，如果 $\{z_k^N; k = 1$，2，$\cdots$，$K\}$ 是

$$\begin{bmatrix} 1 & -\alpha_{10}q & \cdots & -\alpha_{1(K-2)}q^{K-1} \\ 0 & 1 & \cdots & -\alpha_{2(K-3)}q^{K-2} \\ \vdots & \vdots & & \vdots \\ 0 & 0 & \cdots & 1 \end{bmatrix} \begin{bmatrix} z_1^N \\ z_2^N \\ \vdots \\ z_K^N \end{bmatrix} = \begin{bmatrix} 1 + \sum_{j=K+1}^{N} \alpha_{1j} q^{j+1} z_j^N \\ 1 + \sum_{j=K+1}^{N} \alpha_{2j} q^{j+1} z_j^N \\ \vdots \\ 1 + \sum_{j=K+1}^{N} \alpha_{Kj} q^{j+1} z_j^N \end{bmatrix}$$

$$(2.14)$$

的解，那么

$$\lim_{N\to\infty} z_k^N = z_k^*, k = 1, 2, \cdots, K \tag{2.15}$$

$\{z_k^N; k = 1,2,\cdots,K\}$（$\{z_k^N; k = 1,2,\cdots,N\}$）是一致有界的。

联立式（2.12）~式（2.15），可以完成证明。

在下面的定理中，我们提供了 $E[Y^k]$ 和 $E[X^k]$ 的显示公式。

定理 2.2　$E[Y^k]$ 和 $E[X^k]$ 分别由

$$E[Y^k] = \frac{\sum\limits_{m=0}^{\infty} a_{km} q^{k+m}}{\sum\limits_{m=0}^{\infty} d_m q^m} \tag{2.16}$$

和

$$E[X^k] = \sum_{j=0}^{k} \sum_{i=0}^{j} \frac{(-1)^i s^{j-i} k!}{(k-j)!(j-i)!i!} E[Y^{k-j}] E[D^i] \tag{2.17}$$

（$k = 1, 2, \cdots$）所定义，其中

$$a_{k0} = 1, a_{km} = \sum_{j=0}^{m-1} \alpha_{kj} a_{(k+j+1)(m-j-1)} \tag{2.18}$$

以及

$$d_0 = 1, d_m = \sum_{j=0}^{m-1} \beta_j a_{(j+1)(m-j-1)} \tag{2.19}$$

证明：由定理 2.1 可知 $\{W_k; k = 1, 2, \cdots\}$ 有且仅有一组有界解，即 $\{z_k^*; k = 1, 2, \cdots\}$。将定理 2.1 中的 $\{z_k^N; k = 1, 2, \cdots, N\}$ 表示为 $\{W_k^N; k = 1, 2, \cdots, N\}$。因为 $v = \sum\limits_{j=0}^{\infty} \beta_j W_{j+1} q^{j+1}$。令

$$v_N = \sum_{j=0}^{N-1} \beta_j W_{j+1}^N q^{j+1}$$

由于 $\{W_k^N; k = 1, 2, \cdots, N\}$ 是一致有界的，且在任意有界区间内，$\sum\limits_{j=K+1}^{\infty} \alpha_{kj} q^{j+1} z$ 关于 z 一致收敛，可以得到：

$$\lim_{N \to \infty} v_N = v$$

将上式与式（2.8）联立，可得

$$E\left[Y^k\right] = \lim_{N \to \infty} \frac{W_k^N q^k}{(1 + v_N)} \tag{2.20}$$

W_k^N 直接求解式（2.10）得到：

$$W_k^N = \sum_{m=0}^{N-k} a_{km} q^m, k = 1, 2, \cdots, N \tag{2.21}$$

其中，a_{km} 由如下递归方程所定义：

$$a_{km} = \sum_{j=0}^{m-1} \alpha_{kj} a_{(k+j+1)(m-j-1)}$$

其中 $a_{k0} = 1$。基于式（2.21），可以将 v_N 写成

$$
\begin{aligned}
v_N &= \sum_{j=0}^{N-1} \beta_j q^{j+1} \sum_{i=0}^{N-j-1} a_{(j+1)i} q^i \\
&= \sum_{j=0}^{N-1} \sum_{i=0}^{N-j-1} \beta_j a_{(j+1)i} q^{i+j+1} \\
&= \sum_{m=1}^{N} d_m q_a^m
\end{aligned}
\tag{2.22}
$$

其中，

$$d_0 = 1, d_m = \sum_{j=0}^{m-1} \beta_j a_{(j+1)(m-j-1)}$$

　　将式（2.21）和式（2.22）代入式（2.20），即可得到式（2.16）。在 $X = Y - D + s$ 当中，Y 和 D 是相互独立的。因此，可得到式（2.17）。

　　表2.1给出了依据递归方程式（2.18）计算式（2.16）中的 a_{km} 的计算顺序。

表 2.1   **系数 a_{km} 的计算顺序示例**

(1) $a_{10}=1$	(3) $a_{11}=\alpha_{10}a_{20}$	(6) $a_{12}=\alpha_{10}a_{21}+\alpha_{11}a_{30}$	(10) $a_{13}=\alpha_{10}a_{22}+\alpha_{11}a_{31}+\alpha_{12}a_{40}$ $\cdots$
(2) $a_{20}=1$	(5) $a_{21}=\alpha_{20}a_{30}$	(9) $a_{22}=\alpha_{20}a_{31}+\alpha_{21}a_{40}$	(14) $a_{23}=\alpha_{20}a_{32}+\alpha_{21}a_{41}+\alpha_{22}a_{50}$ $\cdots$
(4) $a_{30}=1$	(8) $a_{31}=\alpha_{30}a_{40}$	(13) $a_{32}=\alpha_{30}a_{41}+\alpha_{31}a_{50}$	(19) $a_{33}=\alpha_{30}a_{42}+\alpha_{31}a_{51}+\alpha_{32}a_{60}$ $\cdots$
(7) $a_{40}=1$	(12) $a_{41}=\alpha_{40}a_{50}$	(18) $a_{42}=\alpha_{40}a_{51}+\alpha_{41}a_{60}$	(25) $a_{43}=\alpha_{40}a_{52}+\alpha_{41}a_{61}+\alpha_{42}a_{70}$ $\cdots$
$\vdots$	$\vdots$	$\vdots$	$\vdots$ $\vdots$

注：表中括号里的数字表示计算过程的顺序。

2.3 MacLaurin 级数

本节将讨论基于式（2.4）来计算 $E[Y^k]$ 的另一种算法。现在不再像 2.2 节那样直接求解式（2.4）来得到 $E[Y^k]$，而是利用它推导出 $E[Y^k]$ 关于 q 的麦克劳林级数。麦克劳林级数为我们提供了获得 $E[Y^k]$ 关于 q 的整个响应曲面的可能性，因此它在库存成本优化中非常有用，比如关于 s 和 S 的优化。

假设 $E[Y^k]$ 在 $q=0$ 时均可导，则：

$$E[Y^k] = \sum_{m=1}^{\infty} y_{km}q^i \qquad (2.23)$$

式（2.23）为 $E[Y^k]$ 的麦克劳林级数。该级数可能不会收敛于 q 的所有值。将式（2.23）代入式（2.4），并比较 q，q^2，$\cdots$，q^m 的系数，可以得到：

$$y_{km}=\begin{cases} 0, & m<k \\ 1, & m=k \\ \sum_{j=0}^{m-k-1}\left(\alpha_{kj}y_{(k+j+1)m}-\beta_j y_{(j+1)(m-k)}\right), & m>k \end{cases} \qquad (2.24)$$

其中 $k = 1$，2，$\cdots$。同样地，这里给出表 2.2，说明如何根据式（2.24）来计算 y_{km}。

表 2.2 麦克劳林级数的系数 y_{km} 的计算

矩	q	q^2	q^3	$\cdots$	q^m
EY	（1）$y_{11} = 1$	（3）$y_{12} = \alpha_{10} y_{22} - \beta_0 y_{22}$	（6）$y_{13} = \alpha_{10} y_{23} + \alpha_{11} y_{33} - \beta_0 y_{12} - \beta_1 y_{22}$	$\cdots$	$(m(m+1)/2)$
EY^2	0	（2）$y_{22} = 1$	（5）$y_{23} = \alpha_{20} y_{33} - \beta_0 y_{11}$	$\cdots$	$(m(m+1)/2 - 1)$
EY^3	0	0	（4）$y_{33} = 1$	$\cdots$	$(m(m+1)/2 - 2)$
$\vdots$	$\vdots$	$\vdots$	$\vdots$	$\vdots$	$\vdots$

注：表中括号里的数字表示计算过程的顺序。

由上述算法所得到的麦克劳林级数可以用来求得关于 s 和 S 的库存水平的各阶矩。不过，应该指出，式（2.23）所给出的麦克劳林级数的收敛半径可能是有限的，在这种情况下，如果 q 落于收敛区域之外，那么该麦克劳林级数就会发散。解决上述不收敛问题的一种方法是使用解析延拓，另一种方法是使用帕德（Pade）逼近。

2.4 服从指数分布的需求例子

本节考察一种特殊情况，即需求 D 服从指数分布。首先，由式（2.4）可以得到：

$$E\left[Y^k\right] = q^k(1-u) + \sum_{j=0}^{\infty} \frac{k! f^{(j)}(0)}{(k+j+1)!} E\left[Y^{k+j+1}\right]$$

$$= q^k(1-u) + \frac{k! f(0)}{(k+1)!} E\left[Y^{k+1}\right] + \sum_{j=1}^{\infty} \frac{k! f^{(j)}(0)}{(k+j+1)!} E\left[Y^{k+j+1}\right]$$

$$= q^k(1-u) + \frac{f(0)}{k+1}\Big(q^{k+1}(1-u) + \sum_{j=0}^{\infty} \frac{k!f^{(j)}(0)}{(k+j+2)!}E[Y^{k+j+2}]\Big)$$

$$+ \sum_{j=0}^{\infty} \frac{k!f^{(j+1)}(0)}{(k+j+2)!}E[Y^{k+j+2}] \tag{2.25}$$

$$= q^k(1-u) + \frac{f(0)}{k+1}q^{k+1}(1-u) + \sum_{j=0}^{\infty} \frac{k!}{(k+j+2)!}(f(0)f^{(j)}(0)$$

$$+ f^{(j+1)}(0))E[Y^{k+j+2}]$$

若 D 服从均值为 $1/\lambda$ 的指数分布，即 $f^{(j)}(0) = \lambda(-\lambda)^j$，则式（2.25）可以简化为

$$E[Y^k] = (1-u)\Big(q^k + \frac{\lambda}{k+1}q^{k+1}\Big) \tag{2.26}$$

将式（2.26）代入

$$u = \sum_{j=0}^{\infty} \beta_j E[Y^{j+1}]$$

可得

$$u = (1-u)\sum_{j=0}^{\infty} \frac{\lambda(-\lambda)^j}{(j+1)!}\Big(q^{j+1} + \frac{\lambda}{j+2}q^{j+2}\Big)$$

$$= (1-u)\Big(-\sum_{j=0}^{\infty} \frac{(-\lambda q)^{j+1}}{(j+1)!} + \sum_{j=0}^{\infty} \frac{(-\lambda q)^{j+2}}{(j+2)!}\Big)$$

$$= (1-u)\lambda q \tag{2.27}$$

因此，

$$u = \frac{\lambda q}{1+\lambda q} \tag{2.28}$$

将式（2.28）代入式（2.26），最终得到

$$E[Y^k] = \frac{(k+1+\lambda q)q^k}{(k+1)(1+\lambda q)} \tag{2.29}$$

式（2.29）也可以直接由式（2.16）得到。

根据式（2.29），可以计算 X 和 Y 的拉普拉斯变换。首先，有

$$E[e^{zY}] = E\Big[\sum_{k=0}^{\infty}\frac{(zY)^k}{k!}\Big]$$

$$= \sum_{k=0}^{\infty}\frac{z^k}{k!}E[Y^k] \tag{2.30}$$

$$= \sum_{k=0}^{\infty}\frac{z^k}{k!}\frac{(k+1+\lambda q)q^k}{(k+1)(1+\lambda q)}$$

$$= \frac{1}{1+\lambda q}\Big(e^{qz}+\frac{\lambda}{z}(e^{qz}-1)\Big)$$

在 $X=Y-D+s$ 中，X 和 Y 相互独立。接着，可以得到

$$E[e^{zX}] = E[e^{zY}]E[e^{-zD}]e^{zs} = \frac{\lambda e^{sz}}{(1+\lambda q)(z+\lambda)}\Big(e^{qz}+\frac{\lambda}{z}(e^{qz}-1)\Big) \tag{2.31}$$

另外，已知 X 的概率密度函数为

$$f_X(x) = \frac{1}{1+R(q)}\begin{cases}0, & x>s+q \\ r(s+q-x), & s\leqslant x\leqslant s+q \\ v_q(s-x), & x\leqslant s\end{cases} \tag{2.32}$$

其中：$R(x) = \sum_{n=1}^{\infty}F_n(x)$，$F_n$ 是 F 与其自身的 n 折叠卷积；$r(x) = \frac{\mathrm{d}R(x)}{\mathrm{d}x}$；$v_q(x) = f(x+q)+\int_0^q r(u)f(q+x-u)\mathrm{d}u$。

又因为 $F(x) = 1-e^{-\lambda x}$，根据沙欣（Sahin，1982）可知：

$$\begin{cases}R(x) = \lambda x \\ r(x) = \lambda \\ v_q(x) = e^{-\lambda x}\end{cases} \tag{2.33}$$

由式 (2.32) 和式 (2.33)，有

$$E\left[\mathrm{e}^{zX}\right] = \frac{1}{1+\lambda q}\left[\int_{s}^{s+q}\lambda\mathrm{e}^{zx}\mathrm{d}x + \int_{-\infty}^{s}\lambda\mathrm{e}^{zx}\mathrm{e}^{-\lambda(s-x)}\mathrm{d}x\right]$$

$$= \frac{1}{1+\lambda q}\left[\frac{\lambda}{z}(\mathrm{e}^{qz}-1) + \frac{\lambda}{z+\lambda}\mathrm{e}^{sz}\right] \qquad (2.34)$$

$$= \frac{\lambda\mathrm{e}^{sz}}{(1+\lambda q)(z+\lambda)}\left(\mathrm{e}^{qz} + \frac{\lambda}{z}(\mathrm{e}^{qz}-1)\right)$$

这与式 (2.31) 给出的结果相符。

2.5 数值算例

本节将使用 2.2 节中所设计的算法对两个库存系统的例子进行计算。在第一个例子中，需求服从均值为 $1/\lambda$ 的 k 阶埃尔朗分布；在第二个例子中，需求服从 k 级超指数分布，其密度函数为

$$f(x) = \sum_{i=1}^{k} p_i\lambda_i\mathrm{e}^{-\lambda_i x}x \geqslant 0$$

表 2.3 和表 2.4 分别列出了 2.2 节算法的数值结果和用于比对的仿真结果。针对两个库存系统的 Y 的前两阶矩，本节比较了使用 2.2 节算法所得到的数值结果与使用仿真方法所得到的结果。其中，仿真结果的误差在 0.5% 以内。表 2.3 和表 2.4 最后一列的 N 是式 (2.10) 和式 (2.20) 中确保数值算法收敛所需要的最小的 N（精度为小数点后 16 位）。

表 2.3 埃尔朗分布需求的结果比较

k	λ	q	数值结果		仿真结果		N
			$E[Y]$	$E[Y^2]$	$E[Y]$	$E[Y^2]$	
4	0.5	5	4.287	20.631	4.286	20.623	40
		10	7.004	61.597	7.006	61.627	50
		15	9.624	119.491	9.624	119.485	60
	1.0	5	3.502	15.399	3.503	15.407	50
		10	6.100	48.567	6.098	48.537	70
		15	8.643	98.500	8.640	98.468	90
	1.2	5	3.357	14.356	3.357	14.358	60
		10	5.934	46.204	5.938	46.249	80
		15	8.470	94.825	8.470	94.830	110
6	0.5	5	4.837	24.051	4.837	24.051	40
		10	7.911	74.665	7.907	74.651	50
		15	10.379	137.192	10.379	137.174	60
	1.0	5	3.956	18.666	3.955	18.667	50
		10	6.512	54.707	6.518	54.767	70
		15	9.076	107.945	9.076	107.925	90
	1.2	5	3.694	16.928	3.693	16.932	60
		10	6.288	51.409	6.288	51.417	80
		15	8.834	102.711	8.834	102.758	110

表 2.4 超指数分布需求的结果比较

k	$(p_1,p_2,\\ p_3,p_4)$	$(\lambda_1,\lambda_2,\\ \lambda_3,\lambda_4)$	q	数值结果		仿真结果		N
				$E[Y]$	$E[Y^2]$	$E[Y]$	$E[Y^2]$	
2	(0.5, 0.5,\\ -, -)	(1.0, 2.0,\\ -, -)	5	2.848	10.632	2.848	10.641	40
			10	5.379	38.366	5.384	38.368	70
			15	7.891	82.794	7.892	82.368	120

续表

k	$(p_1, p_2,$ $p_3, p_4)$	$(\lambda_1, \lambda_2,$ $\lambda_3, \lambda_4)$	q	数值结果		仿真结果		N
				$E[Y]$	$E[Y^2]$	$E[Y]$	$E[Y^2]$	
2	(0.3, 0.7, $-$, $-$)	(0.5, 1.0, $-$, $-$)	5	3.031	11.844	3.039	11.884	30
			10	5.616	41.468	5.617	41.501	50
			15	8.151	87.911	8.150	87.933	70
4	(0.2, 0.3, 0.4, 0.1)	(0.3, 1.0, 0.5, 1.5)	5	3.198	12.918	3.201	12.934	40
			10	5.864	44.673	5.864	44.705	60
			15	8.441	93.554	8.461	93.834	80
	(0.3, 0.2, 0.2, 0.3)	(0.4, 0.8, 1.0, 1.2)	5	3.089	12.200	3.089	12.198	30
			10	5.713	42.676	5.711	42.678	50
			15	8.267	90.113	8.266	90.111	70

2.6 本章小结

本章提出了两种计算 (s, S) 系统库存水平各阶矩的算法。算法的基本思路是：基于描述系统库存水平的动态递归方程，推导出以库存位置各阶矩为变量的无穷维线性方程组。在这个无穷维线性方程组的基础上，本章提出了两种的递归数值算法来计算系统库存位置的各阶矩。第一种算法求解一个有限维的线性方程组，该方程组的解收敛于维数趋向无穷大时的方程组的解。第二种算法计算了系统各阶矩的关于 s 和 S 麦克劳林级数的系数，在此基础上，可以计算得到系统的各阶矩。这两种算法都非常简单而有效，且易于编程实施。

第 3 章　需求时序相关的 (s, S) 库存系统的数值算法

本章考察一类需求时序相关的定期盘点 (s, S) 库存系统，该系统的需求由马尔可夫过程驱动。本章首先使用第 2 章所提的两种数值算法，计算该系统的库存水平，其中一种方法基于麦克劳林级数与帕德逼近，另一种方法基于一组无穷维线性方程组。然后，使用麦克劳林级数来表达该系统的库存成本，基于此可以搜索最优的 (s, S) 库存策略。数值算例证明了本章所提的方法能够有效地计算该系统的库存水平和相关库存成本。最后，提出了使用 Copula 来构建时序相关需求模型。

3.1　库存水平的各阶矩

本章研究具有由马尔可夫过程驱动的平稳需求的 (s, S) 库存系统，假设不存在订货提前期，并且假设每个周期的缺货是需要完全回补的，库存系统的成本包括固定和变动的订货成本、库存持有成本以及缺货成本。该库存系统与塞西和程（Sethi & Cheng, 1997）所研究的库存系统相同，他们已经证明了状态依赖的 (s, S) 库存策略的最

优性。假设 D_n 为周期 n 的需求，而 $\{J_n : n \geq 1\}$ 为驱动 $\{D_n : n \geq 0\}$ 的马尔可夫链，且 $\{J_n : n \geq 1\}$ 在需求状态空间 $(J \in \Omega)$ 上不可约并且遍历，其转移概率矩阵为 $P = (P_{ij})(i, j \in \Omega)$，其稳态概率分布为 $\pi_j(j \in \Omega)$。进一步地，假设 $\{J_n : n \geq 1\}$ 是平稳的，即 $P(J_n = j) = \pi_j(n = 1, 2, \cdots)$。另外，还假设 (s, S) 库存策略依赖于需求状态，令 (s_j, S_j) 为与需求状态 $j \in \Omega$ 相对应的参数，并且 $q_j = S_j - s_j$。需求 D_n 的概率分布函数表示为

$$F_j(x) = p\{D_n \leq x \mid J_n = j\}$$

令 $f_j(x)$ 为 $F_j(x)$ 的概率密度函数，$f_j^{(m)}(x)$ 为 $f_j(x)$ 在 x = 0 处的 m 阶导数。假设 $f_j(x)$ 的麦克劳林级数 $f_j(x) = \sum_{m=0}^{\infty} \dfrac{f_j^{(m)}(0)}{m!} x^m$ 在 $x \in [0,$ $\max\{q_j ; j \in \Omega\}]$ 绝对收敛，这个假设对所有的位相型分布而言都是成立的。令 X_n 为周期 n 期初的库存位置。如果订货没有提前期（本章的假设），那么库存水平（在库库存）与库存位置（库存水平加上在途库存）是相等的。如果库存位置低于 s_{J_n}，那么需要下订单使库存位置回到 s_{J_n}，否则不需要下订单，库存位置将减去当期需求从而继续下降。X_n 的动态递推公式可以表示成：

$$X_{n+1} = \begin{cases} X_n - D_n, & X_n \geq s_{J_n} \\ S_{J_n} - D_n, & X_n < s_{J_n} \end{cases} \tag{3.1}$$

本章将研究状态依赖的 (s, S) 库存策略，即 s_j 和 S_j 均依赖于需求状态 $j \in \Omega$，但同时也考虑两种特殊情形：（1）状态独立的 (s, S) 库存策略，即对于所有的库存状态，s_j 和 S_j 都是相同的；（2）半状态依赖的 (s, S) 库存策略，即只有 S_j 依赖于需求状态 $j \in \Omega$，而 s_j 都相同。

下面考虑状态依赖的 (s, S) 库存策略。为了简化符号和推导，

令 $Y_n = X_{n+1} + D_n - s_{J_n}$，基于式（3.1），有

$$Y_{n+1} = \begin{cases} Y_n + s_{J_n} - s_{J_{n+1}} - D_n, & Y_n + s_{J_n} - s_{J_{n+1}} - D_n \geqslant 0 \\ q_{J_{n+1}}, & Y_n + s_{J_n} - s_{J_{n+1}} - D_n < 0 \end{cases} \quad (3.2)$$

其中 $Y_0 = X_1 - s_{J_0}$，并且 s_{J_0} 是给定的。令 $I(\Lambda)$ 表示事件 Λ 的示性函数，基于式（3.2），可以推导出：

$$E\left[Y_{n+1}^k I(J_{n+1} = j) \right]$$

$$= E\left[\left((Y_n + s_{J_n} - s_{J_{n+1}} - D_n)^k I(Y_n + s_{J_n} - s_{J_{n+1}} \geqslant D_n) \right. \right.$$
$$\left. \left. + q_{J_{n+1}}^k I(Y_n + s_{J_n} - s_{J_{n+1}} < D_n) \right) I(J_{n+1} = j) \right]$$

$$= \sum_{i \in \Omega} E\left[\left((Y_n + s_{J_n} - s_{J_{n+1}} - D_n)^k I(Y_n + s_{J_n} - s_{J_{n+1}} \geqslant D_n) \right) I(J_n = i, J_{n+1} = j) \right]$$
$$+ \sum_{i \in \Omega} E\left[q_{J_{n+1}}^k I(Y_n + s_{J_n} - s_{J_{n+1}} < D_n) I(J_n = i, J_{n+1} = j) \right]$$

$$= \sum_{i \in \Omega} E\left[\left(\int_0^{Y_n + s_i - s_j} (Y_n + s_i - s_j - x)^k f_i(x) \, dx \right) I(J_n = i, J_{n+1} = j) \right]$$
$$+ \sum_{i \in \Omega} E\left[\left(q_j^k (1 - F_i(Y_n + s_i - s_j)) \right) I(J_n = i, J_{n+1} = j) \right]$$

$$= \sum_{i \in \Omega} p_{ij} E\left[\left(\int_0^{Y_n + s_i - s_j} \sum_{m=0}^{\infty} \frac{f_i^{(m)}(0)}{m!} (Y_n + s_i - s_j - x)^k x^m \, dx \right) I(J_n = i) \right]$$
$$+ \sum_{i \in \Omega} p_{ij} E\left[q_j^k \left(1 - \int_0^{Y_n + s_i - s_j} \sum_{m=0}^{\infty} \frac{f_i^{(m)}(0)}{m!} x^m \, dx \right) I(J_n = i) \right]$$

$$= \sum_{i \in \Omega} p_{ij} E\left[\left(\sum_{m=0}^{\infty} \frac{k! f_i^{(m)}(0)}{(k+m+1)!} (Y_n + s_i - s_j)^{k+m+1} \right) I(J_n = i) \right]$$
$$+ \sum_{i \in \Omega} p_{ij} E\left[q_j^k \left(1 - \sum_{m=0}^{\infty} \frac{f_i^{(m)}(0)}{(m+1)!} (Y_n + s_i - s_j)^{m+1} \right) I(J_n = i) \right]$$

$$= \sum_{i \in \Omega} p_{ij} \sum_{m=0}^{\infty} \frac{k! f_i^{(m)}(0)}{(k+m+1)!} E\left[(Y_n + s_i - s_j)^{k+m+1} I(J_n = i) \right]$$
$$+ \sum_{i \in \Omega} p_{ij} \left(\pi_i q_j^k - q_j^k \sum_{m=0}^{\infty} \frac{f_i^{(m)}(0)}{(m+1)!} E\left[(Y_n + s_i - s_j)^{m+1} I(J_n = i) \right] \right)$$

$$= \pi_j q_j^k + \sum_{i \in \Omega} p_{ij} \sum_{m=0}^{\infty} \frac{k! f_i^{(m)}(0)}{(k+m+1)!} E\left[(Y_n + s_i - s_j)^{k+m+1} I(J_n = i) \right]$$

$$- \sum_{i \in \Omega} p_{ij} \sum_{m=0}^{\infty} \frac{f_i^{(m)}(0)}{(m+1)!} q_j^k E\left[(Y_n + s_i - s_j)^{m+1} I(J_n = i) \right]$$

$$= \pi_j q_j^k + \sum_{i \in \Omega} p_{ij} \sum_{m=0}^{\infty} \left(\alpha_{ikm} E\left[(Y_n + s_i - s_j)^{k+m+1} I(J_n = i) \right] \right.$$

$$\left. - \beta_{im} q_j^k E\left[(Y_n + s_i - s_j)^{m+1} I(J_n = i) \right] \right)$$

$$= \pi_j q_j^k + \sum_{i \in \Omega} p_{ij} \sum_{m=0}^{\infty} \alpha_{ikm}$$

$$\times E\left[\sum_{h=0}^{k+m+1} (k+m+1)(s_i - s_j)^{k+m+1-h} Y_n^h I(J_n = i) \right]$$

$$- \sum_{i \in \Omega} p_{ij} \sum_{m=0}^{\infty} \left(\beta_{im} q_j^k E\left[\sum_{h=0}^{m+1} (m+1)(s_i - s_j)^{m+1-h} Y_n^h I(J_n = i) \right] \right)$$

$$= \pi_j q_j^k + \sum_{i \in \Omega} p_{ij} \sum_{m=0}^{\infty} \alpha_{ikm}$$

$$\times \left(\sum_{h=0}^{k+m+1} \binom{k+m+1}{h} (s_i - s_j)^{k+m+1-h} E\left[Y_n^h I(J_n = i) \right] \right)$$

$$- \sum_{i \in \Omega} p_{ij} \sum_{m=0}^{\infty} \left(\beta_{im} q_j^k \sum_{h=0}^{m+1} \binom{m+1}{h} (s_i - s_j)^{m+1-h} E\left[Y_n^h I(J_n = i) \right] \right)$$

$$\tag{3.3}$$

其中，$k = 1, 2, \cdots$，且

$$\alpha_{ikm} = \frac{k! f_i^{(m)}(0)}{(k+m+1)!}, \beta_{im} = \frac{f_i^{(m)}(0)}{(m+1)!}, \binom{n}{m} = \frac{n!}{m!(n-m)!}$$

$$\tag{3.4}$$

假设过程 $\{Y_n, X_n, D_n, J_n\}$ 是平稳且遍历的，即：$(Y_n, X_n, D_n, J_n) \xrightarrow{d} (Y, X, D, J)$（$\xrightarrow{d}$ 表示依分布收敛）。该过程的平稳性和遍历性可以通过使用广义再生过程［比如哈里斯回归（Harris recurrence)］在一定的条件下很容易被证明，该证明可参照傅中旭和胡建

强（Fu & Hu, 1994）。令 $n \to \infty$，有：

$$E\left[Y^k I(J = j)\right]$$

$$= \pi_j q_j^k + \sum_{i \in \Omega} p_{ij} \sum_{m=0}^{\infty} \left(\alpha_{ikm} \sum_{h=0}^{k+m+1} \binom{k+m+1}{h} (s_i - s_j)^{k+m+1-h} \times E\left[Y^h I(J_n = i)\right] \right)$$

$$- \sum_{i \in \Omega} p_{ij} \sum_{m=0}^{\infty} \left(\beta_{im} q_j^k \sum_{h=0}^{m+1} \binom{m+1}{h} (s_i - s_j)^{m+1-h} E\left[Y^h I(J_n = i)\right] \right), k = 1, 2, \cdots$$

$$(3.5)$$

如果 $E\left[Y^k I(J = j)\right]$ 可以使用 3.3 节所提的算法计算得到，那么 $E\left[X^k I(J = j)\right]$ 就可以按式（3.6）进行计算：

$$E\left[X^k I(J = j)\right] = E\left[(Y - D + s_j)^k I(J = j)\right]$$

$$= \sum_{l=0}^{k} \sum_{m=0}^{l} \frac{(-1)^m s_j^{i-m} k!}{(k-1)!(l-m)!m!} E\left[Y^{k-l} I(J = j)\right] E\left[D_j^m\right], k = 1, 2, \cdots$$

$$(3.6)$$

与状态依赖的（s, S）库存策略下的推导类似，我们也能在状态独立和半状态依赖的情形下推导出 $E\left[Y^k I(J = j)\right]$ 和 $E\left[X^k I(J = j)\right]$：对于状态独立的（$s, S$）库存策略，几乎所有的符号都同式（3.5）和式（3.6）中的一致，除了其中所有的 $s_j(s_i)$ 和 q_j 都要被 s 和 q 所取代以外；类似地，对于半状态依赖的（s, S）库存策略，我们只需要把式（3.5）和式（3.6）中的 $s_j(s_i)$ 全替代为 s 即可。

3.2　库存成本指标

本小节考虑多种与库存水平相关的成本指标。首先，定义现阶段的订货量为：

$$U_n = \begin{cases} 0, & X_n \geqslant s_{J_n} \\ S_{J_n} - X_n, & X_n < s_{J_n} \end{cases}$$

$$\text{s. t. } \delta(U_n) = \begin{cases} 1, & 若\ U_n > 0 \\ 0, & 否则 \end{cases}$$

阶段 n 的期初净库存量为 $V_n = \max\{X_n, 0\}$；

阶段 n 的期初缺货量为 $W_n = \max\{-X_n, 0\}$。

假设 $\{U_n, V_n, W_n\}$ 是平稳且遍历的，即：$(U_n, V_n, W_n) \xrightarrow{d}$ (U, V, W)。下面定义多种成本指标。令：$K =$ 每阶段订货的固定成本（$K \geqslant 0$）；$c =$ 每阶段订货的可变成本（$c \geqslant 0$）；$C(U) = K\delta(U) + cU$，为每阶段的订货总成本；$H(V) =$ 库存持有成本函数；$R(W) =$ 缺货成本函数。进一步地，假设 $H(x)$ 和 $R(x)$ 的麦克劳林级数在 $x \in [0, \max\{S_j; j \in \Omega\}]$ 区间收敛，因此 $H(x)$ 和 $R(x)$ 可以被表达为：

$$H(x) = \sum_{m=0}^{\infty} h_m x^m$$

$$R(x) = \sum_{m=0}^{\infty} r_m x^m$$

最后，定义系统的成本函数，如式（3.7）所示：

$$G(\{s_j\}, \{q_j\}; j \in \Omega)$$

$$= E[C(U)] + E[H(V)] + E[R(W)]$$

$$= KE[\delta(U)] + cE[U] + \sum_{k=0}^{\infty} h_k E[V^k] + \sum_{k=0}^{\infty} r_k E[W^k]$$

$$= K \sum_{j \in \Omega} E[\delta(U)I(J = j)] + c \sum_{j \in \Omega} E[UI(J = j)]$$

$$+ \sum_{j \in \Omega} \sum_{k=0}^{\infty} h_k E[V^k I(J = j)] + \sum_{j \in \Omega} \sum_{k=0}^{\infty} r_k E[W^k I(J = j)]$$

$$(3.7)$$

在文献中，常用成本函数形式为：

$$G(\{s_j\}, \{q_j\}; j \in \Omega)$$

$$= \sum_{j \in \Omega} (KE[\delta(U)I(J = j)]) + cE[UI(J = j)]$$

$$+ c^+E[VI(J = j)] + c^-E[WI(J = j)] \tag{3.8}$$

其中 c^+ 和 c^- 是两个非负系数。式（3.8）是式（3.7）的特例，即 $H(V)$ 和 $R(V)$ 都是线性函数的特殊情况。显然，给定 $\{s_j\}$ 和 $\{q_j\}$，如果能够得到 $E[\delta(U)I(J = j)]$，$E[U^kI(J = j)]$，$E[V^kI(J = j)]$ 和 $E[W^kI(J = j)]$，那么 $G(\{s_j\}, \{q_j\}; j \in \Omega)$ 就能够很容易地被计算出来。下面我们在状态依赖的（s，S）库存策略下着手计算 $E[U^kI(J = j)]$，$E[V^kI(J = j)]$ 和 $E[W^kI(J = j)]$。根据之前的定义，有：

$$U_{n+1} = \begin{cases} 0, & Y_n + s_{J_{n+1}} \geqslant D_n \\ q_{J_{n+1}} + D_n - (Y_n + s_{J_n} - s_{J_{n+1}}), & Y_n + s_{J_{n+1}} < D_n \end{cases} \tag{3.9}$$

$$V_{n+1} = \begin{cases} Y_n + s_{J_n} - D_n, & Y_n + s_{J_n} - D_n \geqslant 0 \\ 0, & Y_n + s_{J_n} - D_n < 0 \end{cases} \tag{3.10}$$

$$W_{n+1} = \begin{cases} 0, & Y_n + s_{J_n} - D_n \geqslant 0 \\ D_n - Y_n - s_{J_n}, & Y_n + s_{J_n} - D_n < 0 \end{cases} \tag{3.11}$$

根据式（3.9），可以得到：

$$E[\delta(U_{n+1})I(J_{n+1} = j)]$$

$$= E[I(Y_n + s_{J_n} - s_{J_{n+1}} < D_n)I(J_{n+1} = j)]$$

$$= \sum_{i \in \Omega} E[I(Y_n + s_{J_n} - s_{J_{n+1}} < D_n)I(J_n = i, J_{n+1} = j)]$$

$$= \sum_{i \in \Omega} p_{ij} E[(1 - F_i(Y_n + s_{J_n} - s_{J_{n+1}}))I(J_n = i)]$$

$$= \sum_{i \in \Omega} p_{ij} \left(\pi_i - E\left[\left(\int_0^{Y_n + s_i - s_j} \sum_{m=0}^{\infty} \frac{f_i^{(m)}(0)}{m!} x^m \mathrm{d}x \right) I(J_n = i) \right] \right)$$

$$= \sum_{i \in \Omega} p_{ij} \pi_i - \sum_{i \in \Omega} p_{ij} E\left[\sum_{m=0}^{\infty} \frac{f_i^{(m)}(0)}{m!} (Y_n + s_i - s_j)^{m+1} I(J_n = i) \right]$$

$$= \pi_j - \sum_{i \in \Omega} p_{ij} \sum_{m=0}^{\infty} \beta_{im} E\left[(Y_n + s_i - s_j)^{m+1} I(J_n = i) \right]$$

$$= \pi_j - \sum_{i \in \Omega} p_{ij} \sum_{m=0}^{\infty} \beta_{im} \sum_{h=0}^{m+1} \binom{m+1}{h} (s_i - s_j)^{m+1-h} E\left[Y_n^h I(J_n = i) \right]$$

$$(3.12)$$

以及

$$E\left[U_{n+1}^k I(J_{n+1} = j) \right]$$

$$= E\left[\left\{ q_{J_{n+1}} + D_n - (Y_n + s_{J_n} - s_{J_{n+1}}) \right\}^k \right.$$

$$\left. \times I(Y_n + s_{J_n} - s_{J_{n+1}} < D_n) I(J_{n+1} = j) \right]$$

$$= \sum_{i \in \Omega} E\left[\left\{ q_{J_{n+1}} + D_n - (Y_n + s_{J_n} - s_{J_{n+1}}) \right\}^k \right.$$

$$\left. \times I(Y_n + s_{J_n} - s_{J_{n+1}} < D_n) I(J_n = i, J_{n+1} = j) \right]$$

$$= \sum_{i \in \Omega} p_{ij} \sum_{h=0}^{k} \sum_{m=0}^{h} \frac{(-1)^m q_j^{h-m} k!}{(k-h)!(h-m)!m!} E\left[D_i^{k-h} (Y_n + s_i - s_j)^m \right.$$

$$\left. \times I(Y_n + s_i - s_j < D_n) I(J_n = i) \right]$$

$$= \sum_{i \in \Omega} p_{ij} \sum_{h=0}^{k} \sum_{m=0}^{h} \frac{(-1)^m q_j^{h-m} k!}{(k-h)!(h-m)!m!} E\left[D_i^{k-h} \right] E\left[(Y_n + s_i - s_j)^m I(J_n = i) \right]$$

$$- E\left[D_i^{k-h} (Y_n + s_i - s_j)^m F_i(Y_n + s_i - s_j) I(J_n = i) \right] \qquad (3.13)$$

式 (3.13) 中的 $E\left[D_i^{k-h} (Y_n + s_i - s_j)^m F_i(Y_n + s_i - s_j) I(J_n = i) \right]$ 可以
表示为：

$$E\left[D_i^{k-h} (Y_n + s_i - s_j)^m F_i(Y_n + s_i - s_j) I(J_n = i) \right]$$

$$= E\left(\int_0^{Y_n + s_i - s_j} (Y_n + s_i - s_j)^m x^{k-h} f_i(x) \mathrm{d}x I(J_n = i) \right)$$

$$= E\left[\left(\int_0^{Y_n+s_i-s_j} \sum_{l=0}^{\infty} \frac{f_i^{(l)}(0)}{l!}(Y_n+s_i-s_j)^m x^{k+l-h}\mathrm{d}x\right)I(J_n=i)\right]$$

$$= E\left[\sum_{l=0}^{\infty} \frac{f_i^{(l)}(0)}{l!(k+l+1-h)}(Y_n+s_i-s_j)^{k+l+m+1-h}I(J_n=i)\right]$$

$$= \sum_{l=0}^{\infty} \frac{\beta_{il}(l+1)}{k+l+1-h}E\left[(Y_n+s_i-s_j)^{k+l+m+1-h}I(J_n=i)\right] \qquad (3.14)$$

把式（3.14）代入式（3.13），对于 $k=1$，2，$\cdots$，可以得到：

$$E\left[U_{n+1}^k I(J_{n+1}=j)\right]$$

$$= \sum_{i\in\Omega} p_{ij} \sum_{h=0}^{h} \sum_{m=0}^{h} \frac{(-1)^m q_j^{h-m} k!}{(k-h)!(h-m)!m!}\left\{E\left[D_i^{k-h}\right]E\left[(Y_n+s_i-s_j)^m I(J_n=i)\right]\right.$$

$$\left. -\sum_{i=0}^{\infty} \frac{\beta_{il}(l+1)}{l!(k+l+1-h)}E\left[(Y_n+s_i-s_j)^{k+l+m+1-h}I(J_n=i)\right]\right\}$$

$$= \sum_{i\in\Omega} p_{ij} \sum_{h=0}^{h} \sum_{m=0}^{h} \frac{(-1)^m q_j^{h-m} k!}{(k-h)!(h-m)!m!}E\left[Y_n^r I(J_n=i)\right]\left\{E\left[D_i^{k-h}\right]\sum_{r=0}^{m}\binom{m}{r}\right.$$

$$\left.(s_i-s_j)^{m-r} -\sum_{i=0}^{\infty} \frac{\beta_{il}(l+1)}{l!(k+l+1-h)}\sum_{r=0}^{k+l+m+1-h}\binom{k+l+m+1-h}{r}(s_i-s_j)^{k+l+m+1-h-r}\right\}$$

$$(3.15)$$

式（3.10）可以导出：

$$E\left[V_{n+1}^k I(J_n=j)\right]$$

$$= E\left[(Y_n+s_{J_n}-D_n)^k I(D_n\leqslant Y_n+s_{J_n})I(J_n=j)\right]$$

$$= E\left[\left(\int_0^{Y_n+s_j}(Y_n+s_J-x)^k f_i(x)\mathrm{d}x\right)I(J_n=j)\right]$$

$$= E\left[\left(\int_0^{Y_n+s_j}\sum_{m=0}^{\infty}\frac{f_i^{(m)}(0)}{m!}(Y_n+s_j-x)^k x^m \mathrm{d}x\right)I(J_n=j)\right]$$

$$= E\left[\left(\sum_{m=0}^{\infty}\frac{k!\int_i^{(m)}(0)}{(k+m+1)!}(Y_n+s_j)^{k+m+1}\right)I(J_n=j)\right]$$

$$= \sum_{m=0}^{\infty}\frac{k!\int_i^{(m)}(0)}{(k+m+1)!}E\left[(Y_n+s_j)^{k+m+1}I(J_n=j)\right]$$

$$= \sum_{m=0}^{\infty} \alpha_{jkm} E\left[\sum_{h=0}^{k+m+1} \frac{(k+m+1)!}{h!(k+m+1-h)!} s_j^{k+m+1-h} Y_n^h I(J_n = j)\right]$$

$$= \sum_{m=0}^{\infty} \alpha_{jkm} \sum_{h=0}^{k+m+1} \binom{k+m+1}{h} s_j^{k+m+1-h} E\left[Y_n^h I(J_n = j)\right], k = 1,2\cdots$$

$$\tag{3.16}$$

式（3.11）可以导出：

$$E\left[W_{n+1}^k I(J_{n+1} = j)\right]$$

$$= E\left[(D_n - Y_n - s_{J_n})^k I(D_n > Y_n + s_{J_n}) I(J_n = j)\right]$$

$$= E\left[(D_n - Y_n - s_j)^k (1 - F_j(Y_n + s_j)) I(J_n = j)\right]$$

$$= (-1)^k (E\left[(Y_n + s_j - D_n)^k I(J_n = j)\right]$$

$$- E\left[(Y_n + s_j - D_n)^k F_j(Y_n + s_j) I(J_n = j)\right]) \tag{3.17}$$

$E\left[X_{n+1}^k I\{J_n = j\}\right] = E\left[(Y_n + s_j - D_n)^k I\{J_n = j\}\right]$，以及 $E\left[V_{n+1}^k I(J_n = j)\right] = E\left[(Y_n + s_j - D_n)^k F_j(Y_n + s_j) I(J_n = j)\right]$，对于 $k = 1,2\cdots$，可以进一步得到：

$$E\left[W_{n+1}^k I(J_{n+1} = j)\right]$$

$$= (-1)^k \{E\left[X_{n+1}^k I(J_n = j)\right] - E\left[V_{n+1}^k I(J_n = j)\right]\}$$

$$= (-1)^k \left(\sum_{i=0}^{k} \sum_{m=0}^{i} \frac{(-1)^m s_j^{i-m} k!}{(k-i)!(i-m)!m!} E\left[Y_n^{k-i} I(J_n = j)\right] E\left[D_j^m\right]\right.$$

$$\left. - \sum_{m=0}^{\infty} \alpha_{jkm} \sum_{k=0}^{k+m+1} \binom{k+m+1}{k} s_j^{k+m+1-h} E\left[Y_n^h I(J_n = j)\right]\right) \tag{3.18}$$

因为 $\{U_n, V_n, W_n\}$ 是平稳且遍历的，令式（3.12）、式（3.15）、式（3.16）和式（3.18）中的 $n \to \infty$，易得 $E\left[\delta(U)I(J = j)\right]$，$E\left[U^k I(J = j)\right]$，$E\left[V^k I(J = j)\right]$ 和 $E\left[W^k I(J = j)\right]$，因为它们都可以

被表示成与 $E\left[Y^kI(J=j)\right]$ $(k=1,2,\cdots)$ 有关的表达式。因此，给定 $\{s_j\}$ 和 $\{q_j\}$，一旦 $E\left[Y^kI(J=j)\right]$ $(k=1,2,\cdots)$ 可以被计算出来，那么成本指标 $G(\{s_j\},\{q_j\};j\in\Omega)$ 也能被计算出来。这些结果可以被用来优化成本指标 $G(\{s_j\},\{q_j\};j\in\Omega)$。

上述推导也可以推广到状态独立和半状态依赖的情形。在状态独立的策略下，式（3.12）、式（3.15）、式（3.16）和式（3.18）中所有符号都保持不变，除了全部的 $s_j(s_i)$ 和 q_j 要被 s 和 q 所替代；类似地，在半状态依赖的策略下，只需把全部的 $s_j(s_i)$ 替代为 s 即可。

3.3　库存水平各阶矩求解

在本节中，我们提出两种方法计算 $E\left[Y^kI(J=j)\right]$。一种方法使用麦克劳林级数分析和帕德逼近，另一种方法则借助于一组无穷维的线性方程组。

3.3.1　麦克劳林级数分析和帕德逼近

该方法可以被用来在状态独立策略或半状态依赖策略中计算 $E\left[Y^kI(J=j)\right]$。本小节我们将只关注半状态依赖策略，其结果可以很容易地推广到状态独立策略的情形，因此在此将不赘述。

根据 3.1 节，在半状态依赖策略下，我们可以推导 $E\left[Y^kI(J=j)\right]$：

$$E\left[Y^kI(J=j)\right]$$

$$=\pi_j q_j^k + \sum_{i\in\Omega}p_{ij}\sum_{m=0}^{\infty}\left(\alpha_{ikm}E\left[Y^{(k+m+1)}I(J=i)\right]-\beta_{in}q_j^k E\left[Y^{(m+1)}I(J=i)\right]\right)$$

$$(3.19)$$

因为幂级数 $\sum_{m=0}^{\infty} \dfrac{\left|f_i^{(m)}(0)\right|}{m!} z^m$，$\sum_{m=0}^{\infty} |\beta_{im}| z^{m+1}$，$\sum_{m=0}^{\infty} |\alpha_{ikm}| z^{k+m+1}$，$k = 1, 2, \cdots$，对于任意的 $z \in \left[0, \max\{q_j \mid j \in \Omega\}\right]$ 和 $0 \leq Y \leq \max\{q_j \mid j \in \Omega\}$ 均收敛，所以根据勒贝格控制收敛定理，式（3.19）中的所有计算符号（求和、积分、取均值）的顺序都可以相互交换。式（3.19）是一组无穷维的线性方程，该方程组在后续的推导中将起到关键的作用。

假设 $E\left[Y^k I(J = j)\right]$ 在 $q_j = 0$ 均可导。将 $E\left[Y^k I(J = j)\right]$ 表示成麦克劳林级数的形式：

$$E\left[Y^k I(J = j)\right] = \sum_{m=1}^{\infty} y_{jkm} q_j^m \tag{3.20}$$

其中 y_{jkm} 是麦克劳林级数 $E\left[Y^k I(J = j)\right]$ 中 q_j^m 的系数。麦克劳林级数 $E\left[Y^k I(J = i)\right] (i \in \Omega)$ 可以被表示成 q_j 的函数形式：

$$E\left[Y^K I(J = i)\right] = \sum_{m=1}^{\infty} \hat{y}_{ikm} q_j^m \tag{3.21}$$

其中 $\hat{y}_{ikm} = y_{ikm} q_i^m / q_j^m$。把式（3.21）代入式（3.19），并且比较 q_j，q_j^2，$\cdots$，q_j^m 的系数，可以得到：

$$y_{jkm} = \begin{cases} 0, & m < k \\ \pi_j, & m = k \\ \displaystyle\sum_{i \in \Omega} p_{ij} \sum_{n=0}^{m-k-1} \left(\alpha_{ikn} \hat{y}_{i(k+n+1)m} - \beta_{in} \hat{y}_{i(n+1)(m-k)}\right), & m > k \end{cases}$$

$$\tag{3.22}$$

其中 $k = 1, 2, \cdots$。为了能更有效地计算 $E\left[Y^k I(J = j)\right]$，基于这些麦克劳林系数，我们可以使用帕德逼近去计算 $E\left[Y^k I(J = j)\right]$。帕德逼近是一种有效的计算方法，可用来近似逼近很难有解析形式的随机系统中的函数（Gong et al.，1995）。因此，我们可以借由帕德逼近计算

y_{jkm}，然后基于 y_{jkm} 来计算 $E\left[Y^k I(J = j)\right]$。对于该方法，与参数 $|\Omega|$，q_j，s 和 m（麦克劳林级数的参数数量）相关的计算复杂度分别是 $O(|\Omega|)$，$O(c)$，$O(c)$ 和 $O(m^2)$，其中 c 是常数。

3.3.2　一组无穷维的线性方程

本小节设计了一种能够直接计算 $E\left[Y^k I(J = j)\right]$ 的数值方法。我们将只关注状态依赖的情形，但该方法对于状态独立和半状态依赖的情形同样适用。

考虑一类如下形式的无穷维线性方程组

$$\varXi - A\varXi = \varGamma \tag{3.23}$$

其中，$\varXi$ 是变量向量，A 是参数矩阵，$\varGamma$ 也是参数矩阵：

$$\varXi = \begin{bmatrix} \xi_1 \\ \xi_2 \\ \xi_3 \\ \xi_4 \\ \vdots \end{bmatrix}, A = \begin{bmatrix} a_{11} & a_{12} & a_{13} & a_{14} & \cdots \\ a_{21} & a_{22} & a_{23} & a_{24} & \cdots \\ a_{31} & a_{32} & a_{33} & a_{34} & \cdots \\ a_{41} & a_{42} & a_{43} & a_{44} & \cdots \\ \vdots & \vdots & \vdots & \vdots \end{bmatrix}, \varGamma = \begin{bmatrix} \gamma_1 \\ \gamma_2 \\ \gamma_3 \\ \gamma_4 \\ \vdots \end{bmatrix}$$

康托罗维奇和阿基洛夫（Kantorovich & Akilov，1982）证明了如果系数 a_{ij} 满足如下条件

$$\sum_{i=1}^{\infty} \sum_{j=1}^{\infty} |a_{ij}|^2 < \infty \tag{3.24}$$

那么这个系统有且仅有一组有界解 $\{\xi_i^*; i = 1,2,\cdots,N\}$。进一步地，如果 $\{\xi_i^N; i = 1,2,\cdots,N\}$ 是有限维线性方程组 $\xi_i - \sum_{j=1}^{N} a_{ij}\xi_j = \gamma_i (i = 1, 2,\cdots,N)$ 的解，那么 $\{\xi_i^N; i = 1,2,\cdots,N\}$ 是一致有界的，即：对于某

个常数 M，$|\xi_i^N| < M$，且

$$\xi_i^* = \lim_{N \to \infty} \xi_i^N, i = 1, 2, \cdots, N$$

交换式（3.5）中求和符号的顺序，可以得到：

$$E\left[Y^k I(J=j)\right]$$

$$= \pi_j q_j^k + \sum_{i \in \Omega} \pi_i p_{ij} \sum_{m=0}^{\infty} \left(\alpha_{ikm}\left(s_i - s_j\right)^{k+m+1} - q_j^k \beta_{im}\left(s_i - s_j\right)^{m+1}\right)$$

$$+ \sum_{i \in \Omega} p_{ij} \left(\sum_{h=1}^{k} \left(\sum_{m=0}^{\infty} \alpha_{ikm} \binom{k+m+1}{h}\left(s_i - s_j\right)^{k+m+1-h} E\left[Y^h I(J=i)\right]\right)\right)$$

$$+ \sum_{i \in \Omega} \left(\sum_{h=k+1}^{\infty} \left(\sum_{m=h-k-1}^{\infty} \alpha_{ikm} \binom{k+m+1}{h}\left(s_i - s_j\right)^{k+m+1-h}\right) E\left[Y^h I(J=i)\right]\right)$$

$$- \sum_{i \in \Omega} p_{ij} q_j^k \left(\sum_{h=1}^{\infty} \left(\sum_{m=h-1}^{\infty} \beta_{im} \binom{m+1}{h}\left(s_i - s_j\right)^{m+1-h}\right) E\left[Y^h I(J=i)\right]\right)$$

$$(3.25)$$

其中，$k = 1, 2, \cdots$。式（3.25）是式（3.23）的特例，因此，式（3.25）具有唯一的有界解，$E\left[Y^k I(J=j)\right]$ 可以通过求解一组线性方程组得到。对于该方法，与参数 $|\Omega|, q_j, s_j$ 和 N（有限维线性方程组的维度）相关的计算复杂度分别是 $O(|\Omega|^2), O(c), O(c)$ 和 $O(N^2)$。

3.4 数值算例

在本节中我们将通过若干数值试验来验证本章所开发的两种方法的有效性。在所有的数值试验中，令 $|\Omega| = 2$（即 P 是一个 2×2 的矩阵），且令 $F_j(x)(j = 1,2)$ 为参数是 λ_j 的指数分布；另外，令式（3.8）中的参数 $K = 50$，$c = 100$，$c^+ = 10$，$c^- = 20$。对于每类库存

策略（状态独立、半状态依赖、状态依赖），我们在不同的参数集下进行数值试验，得到 Y 的前两阶矩和成本指标的数值结果和仿真结果。这些结果见表 3.1～表 3.9。这些表中的方法 1 代表基于麦克劳林级数和帕德逼近的方法，方法 2 代表基于求解线性方程组的方法。对于每组参数，仿真结果是基于 40 次循环所得，每次循环包含 1000 万个时间阶段；表中的仿真结果用"均值 ± 标准差"的形式表示。对于方法 1，在状态独立策略下，我们对大多数的例子使用 40 个麦克劳林级数的参数，在半状态依赖策略下，我们对大多数的例子使用 20 个麦克劳林级数的参数（注意该方法不适用于状态依赖策略）。对于方法 2，我们对大多数的例子使用维度为 40 的线性方程组。[①]

表 3.1　　　　状态独立策略下的数值结果（$E[Y]$）

P	$\{\lambda_1, \lambda_2\}$	q	s	$E[Y]$		
				方法 1	方法 2	仿真
$\begin{pmatrix} 0.5 & 0.5 \\ 0.5 & 0.5 \end{pmatrix}$	$\{0.05, 0.15\}$	1	0.1	0.9552	0.9552	0.9552 ± 0.0000
		2	0.2	1.8379	1.8379	1.8379 ± 0.0001
		3	0.3	2.6667	2.6667	2.6667 ± 0.0002
	$\{0.2, 0.1\}$	1	0.1	0.9354	0.9354	0.9354 ± 0.0000
		2	0.2	1.7730	1.7730	1.7730 ± 0.0002
		3	0.3	2.5446	2.5446	2.5446 ± 0.0002
	$\{0.5, 1.5\}$	1	0.1	0.7688	0.7688	0.7688 ± 0.0001
		2	0.2	1.3931	1.3931	1.3931 ± 0.0002
		3	0.3	1.9749	1.9749	1.9749 ± 0.0003
	$\{2, 1\}$	1	0.1	0.7109	0.7109	0.7109 ± 0.0001
		2	0.2	1.2774	1.2774	1.2774 ± 0.0002
		3	0.3	1.8122	1.8122	1.8121 ± 0.0003

---

① 在少数的例子中，我们使用了更多的参数（对于方法 1）和更多的线性方程组的维度（对于方法 2），以增强我们数值结果的精度。

P	$\{\lambda_1,\lambda_2\}$	q	s	$E[Y]$		
				方法1	方法2	仿真
$\begin{pmatrix}0.3 & 0.7\\0.6 & 0.4\end{pmatrix}$	$\{0.05, 0.15\}$	1	0.1	0.9536	0.9536	0.9536 ± 0.0000
		2	0.2	1.8321	1.8321	1.8320 ± 0.0001
		3	0.3	2.6556	2.6556	2.6556 ± 0.0003
	$\{0.2, 0.1\}$	1	0.1	0.9368	0.9368	0.9368 ± 0.0000
		2	0.2	1.7774	1.7774	1.7774 ± 0.0001
		3	0.3	2.5527	2.5527	2.5527 ± 0.0003
	$\{0.5, 1.5\}$	1	0.1	0.7647	0.7647	0.7647 ± 0.0001
		2	0.2	1.3896	1.3896	1.3896 ± 0.0002
		3	0.3	1.9725	1.9725	1.9725 ± 0.0002
	$\{2, 1\}$	1	0.1	0.7152	0.7152	0.7152 ± 0.0001
		2	0.2	1.2850	1.2850	1.2849 ± 0.0002
		3	0.3	1.8208	1.8208	1.8208 ± 0.0003
$\begin{pmatrix}0.1 & 0.9\\0.8 & 0.2\end{pmatrix}$	$\{0.05, 0.15\}$	1	0.1	0.9538	0.9538	0.9538 ± 0.0001
		2	0.2	1.8328	1.8328	1.8328 ± 0.0002
		3	0.3	2.6570	2.6570	2.6570 ± 0.0002
	$\{0.2, 0.1\}$	1	0.1	0.9364	0.9364	0.9364 ± 0.0001
		2	0.2	1.7760	1.7760	1.7760 ± 0.0001
		3	0.3	2.5505	2.5505	2.5505 ± 0.0002
	$\{0.5, 1.5\}$	1	0.1	0.7676	0.7676	0.7676 ± 0.0001
		2	0.2	1.3998	1.3998	1.3997 ± 0.0002
		3	0.3	1.9859	1.9859	1.9859 ± 0.0003
	$\{2, 1\}$	1	0.1	0.7158	0.7158	0.7158 ± 0.0001
		2	0.2	1.2865	1.2865	1.2865 ± 0.0002
		3	0.3	1.8219	1.8219	1.8219 ± 0.0003

表 3.2　　　　　状态独立策略下的数值结果（$E[Y^2]$）

P	$\{\lambda_1,\lambda_2\}$	q	s	$E[Y^2]$		
				方法 1	方法 2	仿真
$\begin{pmatrix} 0.5 & 0.5 \\ 0.5 & 0.5 \end{pmatrix}$	$\{0.05,\ 0.15\}$	1	0.1	0.9402	0.9402	0.9402 ± 0.0001
		2	0.2	3.5668	3.5668	3.5669 ± 0.0003
		3	0.3	7.6633	7.6633	7.6632 ± 0.0007
	$\{0.2,\ 0.1\}$	1	0.1	0.9138	0.9138	0.9138 ± 0.0001
		2	0.2	3.3940	3.3940	3.3941 ± 0.0004
		3	0.3	7.1754	7.1754	7.1753 ± 0.0008
	$\{0.5,\ 1.5\}$	1	0.1	0.6897	0.6897	0.6897 ± 0.0001
		2	0.2	2.3682	2.3682	2.3681 ± 0.0004
		3	0.3	4.8673	4.8673	4.8675 ± 0.0008
	$\{2,\ 1\}$	1	0.1	0.6134	0.6134	0.6134 ± 0.0001
		2	0.2	2.0671	2.0671	2.0671 ± 0.0003
		3	0.3	4.2375	4.2375	4.2374 ± 0.0010
$\begin{pmatrix} 0.3 & 0.7 \\ 0.6 & 0.4 \end{pmatrix}$	$\{0.05,\ 0.15\}$	1	0.1	0.9380	0.9380	0.9380 ± 0.0001
		2	0.2	3.5512	3.5512	3.5511 ± 0.0004
		3	0.3	7.6175	7.6175	7.6176 ± 0.0009
	$\{0.2,\ 0.1\}$	1	0.1	0.9157	0.9157	0.9156 ± 0.0001
		2	0.2	3.4054	3.4054	3.4054 ± 0.0003
		3	0.3	7.2068	7.2068	7.2068 ± 0.0011
	$\{0.5,\ 1.5\}$	1	0.1	0.6836	0.6836	0.6836 ± 0.0001
		2	0.2	2.3558	2.3558	2.3557 ± 0.0004
		3	0.3	4.8532	4.8532	4.8533 ± 0.0008
	$\{2,\ 1\}$	1	0.1	0.6187	0.6187	0.6187 ± 0.0001
		2	0.2	2.0869	2.0869	2.0868 ± 0.0005
		3	0.3	4.2724	4.2724	4.2725 ± 0.0009

续表

P	$\{\lambda_1, \lambda_2\}$	q	s	$E[Y^2]$		
				方法 1	方法 2	仿真
$\begin{pmatrix} 0.1 & 0.9 \\ 0.8 & 0.2 \end{pmatrix}$	$\{0.05, 0.15\}$	1	0.1	0.9383	0.9383	0.9383 ± 0.0001
		2	0.2	3.5527	3.5527	3.5528 ± 0.0004
		3	0.3	7.6214	7.6214	7.6214 ± 0.0008
	$\{0.2, 0.1\}$	1	0.1	0.9151	0.9151	0.9151 ± 0.0001
		2	0.2	3.4014	3.4014	3.4014 ± 0.0003
		3	0.3	7.1964	7.1964	7.1964 ± 0.0007
	$\{0.5, 1.5\}$	1	0.1	0.6866	0.6866	0.6866 ± 0.0001
		2	0.2	2.3800	2.3800	2.3800 ± 0.0004
		3	0.3	4.9052	4.9052	4.9051 ± 0.0009
	$\{2, 1\}$	1	0.1	0.6192	0.6192	0.6192 ± 0.0001
		2	0.2	2.0908	2.0908	2.0908 ± 0.0004
		3	0.3	4.2774	4.2774	4.2775 ± 0.0009

表 3.3　　　　状态独立策略下的数值结果（成本指标）

P	$\{\lambda_1, \lambda_2\}$	q	s	成本指标		
				方法 1	方法 2	仿真
$\begin{pmatrix} 0.5 & 0.5 \\ 0.5 & 0.5 \end{pmatrix}$	$\{0.05, 0.15\}$	1	0.1	1626.0371	1626.0371	1625.8936 ± 0.5717
		2	0.2	1607.0406	1607.0406	1606.9875 ± 0.5558
		3	0.3	1591.7736	1591.7736	1591.8399 ± 0.7139
	$\{0.2, 0.1\}$	1	0.1	925.1711	925.1711	925.1077 ± 0.3381
		2	0.2	907.4463	907.4463	907.5095 ± 0.3003
		3	0.3	894.5573	894.5573	894.5652 ± 0.3036
	$\{0.5, 1.5\}$	1	0.1	177.6619	177.6619	177.6740 ± 0.0635
		2	0.2	170.2020	170.2020	170.2078 ± 0.0614
		3	0.3	168.9664	168.9664	168.9570 ± 0.0632
	$\{2, 1\}$	1	0.1	105.2160	105.2160	105.2118 ± 0.0306
		2	0.2	100.7256	100.7257	100.7324 ± 0.0289
		3	0.3	101.8383	101.8384	101.8414 ± 0.0242

续表

P	$\{\lambda_1, \lambda_2\}$	q	s	成本指标		
				方法 1	方法 2	仿真
$\begin{pmatrix} 0.3 & 0.7 \\ 0.6 & 0.4 \end{pmatrix}$	$\{0.05, 0.15\}$	1	0.1	1564. 4237	1564. 4237	1564. 3885 ± 0. 5378
		2	0.2	1545. 5446	1545. 5446	1545. 3996 ± 0. 6486
		3	0.3	1530. 5310	1530. 5310	1530. 6063 ± 0. 5321
	$\{0.2, 0.1\}$	1	0.1	948. 3072	948. 3072	948. 2285 ± 0. 3509
		2	0.2	930. 5017	930. 5017	930. 4893 ± 0. 2834
		3	0.3	917. 4843	917. 4843	917. 4962 ± 0. 3304
	$\{0.5, 1.5\}$	1	0.1	171. 2459	171. 2459	171. 2470 ± 0. 0602
		2	0.2	164. 1909	164. 1909	164. 1837 ± 0. 0605
		3	0.3	163. 2296	163. 2296	163. 2318 ± 0. 0587
	$\{2, 1\}$	1	0.1	107. 6599	107. 6599	107. 6652 ± 0. 0303
		2	0.2	103. 0282	103. 0282	103. 0271 ± 0. 0355
		3	0.3	104. 0301	104. 0299	104. 0348 ± 0. 0239
$\begin{pmatrix} 0.1 & 0.9 \\ 0.8 & 0.2 \end{pmatrix}$	$\{0.05, 0.15\}$	1	0.1	1578. 9123	1578. 9123	1578. 9976 ± 0. 7923
		2	0.2	1560. 0288	1560. 0288	1560. 1401 ± 0. 5667
		3	0.3	1545. 0379	1545. 0379	1545. 0982 ± 0. 5517
	$\{0.2, 0.1\}$	1	0.1	942. 8559	942. 8559	942. 8518 ± 0. 3219
		2	0.2	925. 0890	925. 0890	925. 1241 ± 0. 2849
		3	0.3	912. 1585	912. 1585	912. 1926 ± 0. 2534
	$\{0.5, 1.5\}$	1	0.1	172. 7013	172. 7013	172. 7074 ± 0. 0657
		2	0.2	165. 7229	165. 7229	165. 7171 ± 0. 0616
		3	0.3	164. 7288	164. 7287	164. 7170 ± 0. 0545
	$\{2, 1\}$	1	0.1	107. 0813	107. 0813	107. 0836 ± 0. 0307
		2	0.2	102. 5218	102. 5218	102. 5220 ± 0. 0294
		3	0.3	103. 5480	103. 5461	103. 5433 ± 0. 0294

表 3.4   半状态依赖策略下的数值结果（$E[Y]$）

P	$\{\lambda_1, \lambda_2\}$	$\{q_1, q_2\}$	s	$E[Y]$		
				方法 1	方法 2	仿真
$\begin{pmatrix} 0.3 & 0.7 \\ 0.6 & 0.4 \end{pmatrix}$	$\{0.2, 0.1\}$	$\{1, 2\}$	0.15	1.4084	1.4084	1.4084 ± 0.0001
		$\{2, 1\}$	0.15	1.3707	1.3707	1.3707 ± 0.0002
		$\{2, 4\}$	0.3	2.6283	2.6283	2.6283 ± 0.0004
		$\{4, 2\}$	0.3	2.6203	2.6203	2.6203 ± 0.0003
	$\{0.5, 1.5\}$	$\{1, 2\}$	0.15	1.2425	1.2425	1.2425 ± 0.0002
		$\{2, 1\}$	0.15	1.0274	1.0274	1.0274 ± 0.0002
		$\{2, 4\}$	0.3	2.2953	2.2953	2.2953 ± 0.0005
		$\{4, 2\}$	0.3	1.8644	1.8644	1.8644 ± 0.0004
$\begin{pmatrix} 0.1 & 0.9 \\ 0.8 & 0.2 \end{pmatrix}$	$\{0.2, 0.1\}$	$\{1, 2\}$	0.15	1.3976	1.3976	1.3976 ± 0.0001
		$\{2, 1\}$	0.15	1.3994	1.3994	1.3994 ± 0.0001
		$\{2, 4\}$	0.3	2.5985	2.5985	2.5985 ± 0.0003
		$\{4, 2\}$	0.3	2.6976	2.6976	2.6976 ± 0.0004
	$\{0.5, 1.5\}$	$\{1, 2\}$	0.15	1.2903	1.2903	1.2902 ± 0.0002
		$\{2, 1\}$	0.15	0.9955	0.9955	0.9956 ± 0.0002
		$\{2, 4\}$	0.3	2.3673	2.3673	2.3673 ± 0.0005
		$\{4, 2\}$	0.3	1.7869	1.7869	1.7869 ± 0.0004

表 3.5   半状态依赖策略下的数值结果（$E[Y^2]$）

P	$\{\lambda_1, \lambda_2\}$	$\{q_1, q_2\}$	s	$E[Y^2]$		
				方法 1	方法 2	仿真
$\begin{pmatrix} 0.3 & 0.7 \\ 0.6 & 0.4 \end{pmatrix}$	$\{0.2, 0.1\}$	$\{1, 2\}$	0.15	2.3191	2.3191	2.3191 ± 0.0003
		$\{2, 1\}$	0.15	2.1944	2.1944	2.1944 ± 0.0004
		$\{2, 4\}$	0.3	8.4107	8.4107	8.4106 ± 0.0018
		$\{4, 2\}$	0.3	8.2590	8.2590	8.2589 ± 0.0017
	$\{0.5, 1.5\}$	$\{1, 2\}$	0.15	1.9399	1.9399	1.9399 ± 0.0005
		$\{2, 1\}$	0.15	1.4127	1.4127	1.4127 ± 0.0005
		$\{2, 4\}$	0.3	6.8938	6.8938	6.8938 ± 0.0022
		$\{4, 2\}$	0.3	4.7791	4.7791	4.7789 ± 0.0022

续表

P	$\{\lambda_1, \lambda_2\}$	$\{q_1, q_2\}$	s	$E[Y^2]$		
				方法 1	方法 2	仿真
$\begin{pmatrix} 0.1 & 0.9 \\ 0.8 & 0.2 \end{pmatrix}$	$\{0.2, 0.1\}$	$\{1, 2\}$	0.15	2.2876	2.2876	2.2876 ± 0.0004
		$\{2, 1\}$	0.15	2.2800	2.2800	2.2799 ± 0.0003
		$\{2, 4\}$	0.3	8.2373	8.2373	8.2372 ± 0.0016
		$\{4, 2\}$	0.3	8.7115	8.7115	8.7114 ± 0.0020
	$\{0.5, 1.5\}$	$\{1, 2\}$	0.15	2.0717	2.0717	2.0716 ± 0.0005
		$\{2, 1\}$	0.15	1.3172	1.3172	1.3174 ± 0.0005
		$\{2, 4\}$	0.3	7.2759	7.2759	7.2759 ± 0.0019
		$\{4, 2\}$	0.3	4.3535	4.3535	4.3534 ± 0.0018

表 3.6　　　　半状态依赖策略下的数值结果（成本指标）

P	$\{\lambda_1, \lambda_2\}$	$\{q_1, q_2\}$	s	成本指标		
				方法 1	方法 2	仿真
$\begin{pmatrix} 0.3 & 0.7 \\ 0.6 & 0.4 \end{pmatrix}$	$\{0.2, 0.1\}$	$\{1, 2\}$	0.15	938.1898	938.1898	938.1458 ± 0.3171
		$\{2, 1\}$	0.15	939.1984	939.1984	939.2406 ± 0.3308
		$\{2, 4\}$	0.3	916.2595	916.2595	916.1926 ± 0.3711
		$\{4, 2\}$	0.3	919.0591	919.0591	919.0668 ± 3087
	$\{0.5, 1.5\}$	$\{1, 2\}$	0.15	166.7085	166.7085	166.7033 ± 0.0613
		$\{2, 1\}$	0.15	167.0671	167.0671	167.0648 ± 0.0601
		$\{2, 4\}$	0.3	165.2883	165.2887	165.2959 ± 0.0585
		$\{4, 2\}$	0.3	163.2598	163.2598	163.2585 ± 0.0492
$\begin{pmatrix} 0.1 & 0.9 \\ 0.8 & 0.2 \end{pmatrix}$	$\{0.2, 0.1\}$	$\{1, 2\}$	0.15	932.9452	932.9452	933.02433 ± 0.2796
		$\{2, 1\}$	0.15	933.1901	933.1901	933.2248 ± 0.3281
		$\{2, 4\}$	0.3	911.3313	911.3313	911.3206 ± 0.2788
		$\{4, 2\}$	0.3	912.6180	912.6180	912.5669 ± 0.3672
	$\{0.5, 1.5\}$	$\{1, 2\}$	0.15	167.5848	167.5848	167.5800 ± 0.0537
		$\{2, 1\}$	0.15	169.1011	169.1011	169.0963 ± 0.0607
		$\{2, 4\}$	0.3	166.4444	166.4455	166.4413 ± 0.0485
		$\{4, 2\}$	0.3	165.0400	165.0400	165.0471 ± 0.0534

表3.7　　　　　状态依赖策略下的数值结果（$E[Y]$）

P	$\{\lambda_1,\lambda_2\}$	$\{q_1,q_2\}$	$\{s_1,s_2\}$	$E[Y]$	
				方法2	仿真
$\begin{pmatrix}0.3 & 0.7\\0.6 & 0.4\end{pmatrix}$	$\{0.2, 0.1\}$	$\{1, 2\}$	$\{0.1, 0.2\}$	1.4165	1.4164 ± 0.0002
		$\{2, 1\}$	$\{0.2, 0.1\}$	1.3793	1.3793 ± 0.0001
		$\{2, 4\}$	$\{0.2, 0.4\}$	2.6553	2.6550 ± 0.0004
		$\{4, 2\}$	$\{0.4, 0.2\}$	2.6504	2.6503 ± 0.0003
	$\{0.5, 1.5\}$	$\{1, 2\}$	$\{0.1, 0.2\}$	1.2726	1.2722 ± 0.0002
		$\{2, 1\}$	$\{0.2, 0.1\}$	1.0537	1.0518 ± 0.0002
		$\{2, 4\}$	$\{0.2, 0.4\}$	2.3812	2.3788 ± 0.0004
		$\{4, 2\}$	$\{0.4, 0.2\}$	1.9456	1.9348 ± 0.0005
$\begin{pmatrix}0.1 & 0.9\\0.8 & 0.2\end{pmatrix}$	$\{0.2, 0.1\}$	$\{1, 2\}$	$\{0.1, 0.2\}$	1.4080	1.4079 ± 0.0001
		$\{2, 1\}$	$\{0.2, 0.1\}$	1.4109	1.4109 ± 0.0001
		$\{2, 4\}$	$\{0.2, 0.4\}$	2.6323	2.6318 ± 0.0004
		$\{4, 2\}$	$\{0.4, 0.2\}$	2.7372	2.7368 ± 0.0003
	$\{0.5, 1.5\}$	$\{1, 2\}$	$\{0.1, 0.2\}$	1.3273	1.3266 ± 0.0002
		$\{2, 1\}$	$\{0.2, 0.1\}$	1.0251	1.0227 ± 0.0002
		$\{2, 4\}$	$\{0.2, 0.4\}$	2.4669	2.4635 ± 0.0004
		$\{4, 2\}$	$\{0.4, 0.2\}$	1.8835	1.8673 ± 0.0004

表3.8　　　　　状态依赖策略下的数值结果（$E[Y^2]$）

P	$\{\lambda_1,\lambda_2\}$	$\{q_1,q_2\}$	$\{s_1,s_2\}$	$E[Y^2]$	
				方法2	仿真
$\begin{pmatrix}0.3 & 0.7\\0.6 & 0.4\end{pmatrix}$	$\{0.2, 0.1\}$	$\{1, 2\}$	$\{0.1, 0.2\}$	2.3434	2.3433 ± 0.0004
		$\{2, 1\}$	$\{0.2, 0.1\}$	2.2200	2.2199 ± 0.0004
		$\{2, 4\}$	$\{0.2, 0.4\}$	8.5727	8.5713 ± 0.0021
		$\{4, 2\}$	$\{0.4, 0.2\}$	8.4353	8.4349 ± 0.0017
	$\{0.5, 1.5\}$	$\{1, 2\}$	$\{0.1, 0.2\}$	2.0248	2.0240 ± 0.0006
		$\{2, 1\}$	$\{0.2, 0.1\}$	1.4903	1.4866 ± 0.0005

续表

P	$\{\lambda_1,\lambda_2\}$	$\{q_1,q_2\}$	$\{s_1,s_2\}$	$E[Y^2]$	
				方法 2	仿真
$\begin{pmatrix} 0.3 & 0.7 \\ 0.6 & 0.4 \end{pmatrix}$	$\{0.5,\ 1.5\}$	$\{2,\ 4\}$	$\{0.2,\ 0.4\}$	7. 3552	7. 3461 ± 0. 0019
		$\{4,\ 2\}$	$\{0.4,\ 0.2\}$	5. 2236	5. 1808 ± 0. 0022
$\begin{pmatrix} 0.1 & 0.9 \\ 0.8 & 0.2 \end{pmatrix}$	$\{0.2,\ 0.1\}$	$\{1,\ 2\}$	$\{0.1,\ 0.2\}$	2. 3190	2. 3188 ± 0. 0003
		$\{2,\ 1\}$	$\{0.2,\ 0.1\}$	2. 3139	2. 3139 ± 0. 0003
		$\{2,\ 4\}$	$\{0.2,\ 0.4\}$	8. 4431	8. 4409 ± 0. 0017
		$\{4,\ 2\}$	$\{0.4,\ 0.2\}$	8. 9438	8. 9424 ± 0. 0017
	$\{0.5,\ 1.5\}$	$\{1,\ 2\}$	$\{0.1,\ 0.2\}$	2. 1777	2. 1764 ± 0. 0005
		$\{2,\ 1\}$	$\{0.2,\ 0.1\}$	1. 4089	1. 4039 ± 0. 0005
		$\{2,\ 4\}$	$\{0.2,\ 0.4\}$	7. 8180	7. 8049 ± 0. 0018
		$\{4,\ 2\}$	$\{0.4,\ 0.2\}$	4. 8911	4. 8248 ± 0. 0020

表 3. 9　　　状态依赖策略下的数值结果（成本指标）

P	$\{\lambda_1,\lambda_2\}$	$\{q_1,q_2\}$	$\{s_1,s_2\}$	成本指标	
				方法 2	仿真
$\begin{pmatrix} 0.3 & 0.7 \\ 0.6 & 0.4 \end{pmatrix}$	$\{0.2,\ 0.1\}$	$\{1,\ 2\}$	$\{0.1,\ 0.2\}$	938. 0955	938. 0943 ± 0. 3498
		$\{2,\ 1\}$	$\{0.2,\ 0.1\}$	939. 1696	939. 1909 ± 0. 3034
		$\{2,\ 4\}$	$\{0.2,\ 0.4\}$	915. 9534	915. 9644 ± 0. 3070
		$\{4,\ 2\}$	$\{0.4,\ 0.2\}$	919. 1046	919. 1088 ± 0. 2846
	$\{0.5,\ 1.5\}$	$\{1,\ 2\}$	$\{0.1,\ 0.2\}$	166. 6328	166. 6202 ± 0. 0545
		$\{2,\ 1\}$	$\{0.2,\ 0.1\}$	166. 9844	166. 9927 ± 0. 0626
		$\{2,\ 4\}$	$\{0.2,\ 0.4\}$	165. 7472	165. 7307 ± 0. 0579
		$\{4,\ 2\}$	$\{0.4,\ 0.2\}$	163. 2430	163. 2328 ± 0. 0530
$\begin{pmatrix} 0.1 & 0.9 \\ 0.8 & 0.2 \end{pmatrix}$	$\{0.2,\ 0.1\}$	$\{1,\ 2\}$	$\{0.1,\ 0.2\}$	932. 8568	932. 8501 ± 0. 3217
		$\{2,\ 1\}$	$\{0.2,\ 0.1\}$	933. 0737	933. 1223 ± 0. 3014
		$\{2,\ 4\}$	$\{0.2,\ 0.4\}$	910. 9956	910. 9546 ± 0. 2454
		$\{4,\ 2\}$	$\{0.4,\ 0.2\}$	912. 4983	912. 4336 ± 0. 2835

续表

P	$\{\lambda_1,\lambda_2\}$	$\{q_1,q_2\}$	$\{s_1,s_2\}$	成本指标	
				方法2	仿真
$\begin{pmatrix} 0.1 & 0.9 \\ 0.8 & 0.2 \end{pmatrix}$	$\{0.5, 1.5\}$	$\{1, 2\}$	$\{0.1, 0.2\}$	167.4153	167.4092 ± 0.0679
		$\{2, 1\}$	$\{0.2, 0.1\}$	169.0206	169.0267 ± 0.0556
		$\{2, 4\}$	$\{0.2, 0.4\}$	166.8525	166.8368 ± 0.0457
		$\{4, 2\}$	$\{0.4, 0.2\}$	165.0237	164.9909 ± 0.0606

这些试验均是在 2.3 GHz Intel Core（TM）i7 移动处理器和 4 GB 内存的笔记本上完成的，对于一组参数，方法 1、方法 2 和仿真方法的平均计算时间分别为 0.393 秒、0.022 秒和 56.127 秒。由表 3.1 ~ 表 3.9 可知，方法 1 和方法 2 在绝大多数的例子里都表现得非常好，与仿真结果相比误差均很小。而且随着麦克劳林级数的参数或者线性方程维度数量的增大，本章的方法的精确度还有进一步提升的余地。

对于每组参数，在状态独立、半状态依赖和状态依赖三种库存策略下，我们还分别找到了最优的 (s, S) 策略值，并且计算了在最优策略下的成本指标，（见表 3.10）。表 3.10 的结果显示，用状态独立策略或者半状态依赖策略替代状态依赖策略时，成本指标的数值改变很小；在这些例子中，我们可以简单地用状态独立或半状态依赖策略来管理需求时序相关的库存系统。同时，我们的方法也能显著地为寻找最优的 (s, S) 策略节约大量计算时间，尤其是与仿真方法相比。另外，我们的方法还可以被整合到其他的优化方法中用以搜寻最优的 (s, S) 策略。

表 3.10　三种库存策略下的最优 (s, S) 参数及其成本指标

情景	状态独立策略		半状态依赖策略		状态依赖策略	
	$\{s^*, q^*\}$	成本指标	$\{s^*, q_1^*, q_2^*\}$	成本指标	$\{s_1^*, s_2^*, q_1^*, q_2^*\}$	成本指标
1	$\{11.5, 5.0\}$	1530.7337	$\{16.1, 2.7, 6.1\}$	1522.0822	$\{11.4, 5.3, 10.0, 0.0\}$	1512.1091

续表

情景	状态独立策略 ｛s^*,q^*｝	成本指标	半状态依赖策略 ｛s^*,q_1^*,q_2^*｝	成本指标	状态依赖策略 ｛s_1^*,s_2^*,q_1^*,q_2^*｝	成本指标
2	｛8.6，2.2｝	865.6366	｛6.1，10.7，2.3｝	864.0356	｛8.1，8.7，0.0，4.1｝	862.2626
3	｛3.2，0.0｝	168.2427	｛3.8，2.6，0.0｝	167.8623	｛3.8，2.6，0.0，0.0｝	167.8623
4	｛2.4，0.0｝	99.8395	｛2.2，2.6，0.0｝	99.7477	｛2.2，2.6，0.0，0.0｝	99.7477
5	｛10.7，4.9｝	1474.3706	｛14.8，0.7，6.7｝	1466.2378	｛10.9，0.0，9.5，0.0｝	1454.1542
6	｛8.7，2.3｝	887.4507	｛6.1，10.4，2.5｝	886.1124	｛8.3，8.6，0.0，4.1｝	884.0634
7	｛3.1，0.0｝	162.4524	｛3.7，2.7，0.0｝	162.2053	｛3.7，2.7，0.0，0.0｝	162.2053
8	｛2.4，0.0｝	102.1173	｛2.2，2.6，0.0｝	102.0634	｛2.2，2.6，0.0，0.0｝	102.0634
9	｛10.3，5.2｝	1489.2866	｛14.2，0.0，6.8｝	1479.8368	｛10.8，0.0，8.8，0.0｝	1465.4600
10	｛8.6，2.3｝	882.7918	｛6.3，10.1，2.6｝	881.8098	｛8.7，8.4，0.0，4.1｝	879.3808
11	｛3.1，0.0｝	163.9638	｛3.7，2.9，0.0｝	163.8310	｛3.7，2.9，0.0，0.0｝	163.8310
12	｛2.4，0.0｝	101.6139	｛2.3，2.6，0.0｝	101.5804	｛2.3，2.6，0.0，0.0｝	101.5804

注：情景 1~4 的 $P = \begin{pmatrix} 0.5 & 0.5 \\ 0.5 & 0.5 \end{pmatrix}$，情景 5~8 的 $P = \begin{pmatrix} 0.3 & 0.7 \\ 0.6 & 0.4 \end{pmatrix}$，情景 9~12 的 $P = \begin{pmatrix} 0.1 & 0.9 \\ 0.8 & 0.2 \end{pmatrix}$。情景 1、情景 5、情景 9 的 $\{\lambda_1,\lambda_2\} = \{0.05,0.15\}$，情景 2、情景 6、情景 10 的 $\{\lambda_1,\lambda_2\} = \{0.2,0.1\}$，情景 3、情景 7、情景 11 的 $\{\lambda_1,\lambda_2\} = \{0.5,1.5\}$，情景 4、情景 8、情景 12 的 $\{\lambda_1,\lambda_2\} = \{2,1\}$。

3.5　需求的相关性分析

本节使用马尔可夫过程驱动的到达过程来近似表达时序相关的需求过程，基于前面几节所提出的算法，计算需求时序相关的 (s, S) 库存系统的矩。假设该系统需求分布的前两阶矩（M_1 和 M_2）以及一阶自相关系数（χ）已知，我们首先要确保使用的参数能使该马尔可夫链在其状态空间中具有不可约性、非周期性和常返性。假设该马尔可夫链只有两种状态（状态 1 和状态 2），则状态转移矩阵为：

$$P = \begin{bmatrix} p & 1-p \\ 1-p & p \end{bmatrix}$$

对该马尔可夫链，其稳态分布概率为 $\pi_1 = \pi_2 = 0.5$。一阶相关系数的定义为 $\delta = \dfrac{\chi - M_1^2}{M_2 - M_1^2}$。假设两种状态下的需求分别服从均值为 x_1 和 x_2 的指数分布。根据吉里什和胡建强（Girish & Hu，2000）的方法，该马尔可夫驱动的需求过程的参数可以推导表达为：$p = \dfrac{M_2 - 2\chi}{2(M_2 - 2M_1^2)}$，

$x_1 = M_1\left(1 \pm \sqrt{\dfrac{c^2-1}{2}}\right)$，$x_2 = M_1\left(1 \mp \sqrt{\dfrac{c^2-1}{2}}\right)$，其中 $c^2 = \dfrac{M_2}{M_1^2} - 1$。为了能求解该库存系统的高阶矩，我们需要有以下关系式成立：M_1，$M_2 > 0$，$2M_1^2 \leq M_2 \leq 4M_1^2$。本节我们使用状态独立的库存策略。

接下来，我们使用数值试验研究一阶时序相关的需求如何影响该库存系统。相关系数的范围设定为 $-0.15 \sim 0.15$，步长为 0.05。M_1 的初始值设为 1.66、2.5 和 5，c^2 分别为 1.5 和 2.5。在帕德逼近中，我们令 $[L/M] = [10/10]$，计算该库存系统的库存水平的一阶矩，结

果见表 3.11。结果表明，给定相同的需求分布的均值和方差，需求的时序相关性会对该库存系统的库存水平产生正向的影响，即：当一阶相关系数从 0.15 变化到 −0.15 时，库存水平在变化率为 1.3% ~ 6.4% 的区间下降，具体的变化率依赖于 q、M_1 和 M_2 的数值。换言之，给定相同的需求分布的均值和方差，当具有时序相关性的需求的协方差（$\chi - M_1^2$）减小时，该（s, S）库存系统的库存水平也随之降低。这些影响受到参数 s 和 q 的调节。

表 3.11　　具有马尔可夫驱动的一阶相关需求的（s, S）库存系统的库存水平

M_1	c^2	q	一阶相关系数							变化率（%）
			0.15	0.1	0.05	0	−0.05	−0.1	−0.15	
1.66	1.5	2	1.3124	1.3088	1.3040	1.2978	1.2902	1.2816	1.2733	3.1
		3	1.8592	1.8563	1.8521	1.8458	1.8364	1.8230	1.8074	2.9
		4	2.3873	2.3850	2.3816	2.3761	2.3670	2.3514	2.3292	2.5
	2.5	2	1.5651	1.5536	1.5403	1.5252	1.5083	1.4899	1.4704	6.4
		3	2.2753	2.2633	2.2484	2.2298	2.2064	2.1777	2.1429	6.2
		4	2.9366	2.9255	2.9118	2.8936	2.8694	2.8366	2.7928	5.1
2.5	1.5	2	1.2395	1.2375	1.2347	1.2306	1.2243	1.2154	1.2050	2.9
		3	1.7651	1.7636	1.7615	1.7582	1.7524	1.7418	1.7251	2.3
		4	2.2800	2.2785	2.2769	2.2743	2.2695	2.2591	2.2378	1.9
	2.5	2	1.5169	1.5089	1.4989	1.4865	1.4709	1.4517	1.4286	6.2
		3	2.1690	2.1621	2.1533	2.1416	2.1259	2.1036	2.0731	4.6
		4	2.7767	2.7705	2.7633	2.7524	2.7390	2.7175	2.6868	3.3
5	1.5	2	1.1400	1.1393	1.1385	1.1371	1.1348	1.1296	1.1189	1.9
		3	1.6499	1.6473	1.6470	1.6459	1.6446	1.6401	1.6271	1.4
		4	2.1608	2.1512	2.1517	2.1502	2.1458	2.1460	2.1326	1.3
	2.5	2	1.3884	1.3853	1.3816	1.3762	1.3695	1.3587	1.3434	3.4
		3	1.9611	1.9567	1.9528	1.9447	1.9446	1.9349	1.9225	2.0
		4	2.5133	2.5023	2.4974	2.4969	2.4915	2.4847	2.4716	1.7

3.6　Copula 和马尔可夫过程

前面几节所研究的需求时序相关的 (s, S) 库存系统的需求是由一个马尔可夫过程所驱动的，虽然本章提出了若干数值算法能够有效地对该系统进行计算，但是在分析该库存系统时仍然存在着一些困难。在本节中，我们首先介绍连续 Copula 和离散 Copula 的定义，并讨论它们的一些重要性质和操作；然后定义 Copula 相关输入过程，并说明如何对其进行离散化；最后展示离散 Copula 相关输入过程可以被视为马尔可夫过程，这意味着具有 Copula 相关过程的离散事件随机系统可以被近似为马尔可夫过程驱动的离散事件随机系统，从而使得该系统更加易于分析。这是本章所考察的需求时序相关的 (s, S) 库存系统未来可以进一步研究的方向。

3.6.1　Copula 函数

1. Copula 的定义

假设 $u = (u_1, \cdots, u_N) \in [0,1]^N$。

定义 3.1　N 维 Copula 是一个函数 $C(u): [0,1]^N \to [0,1]$，具有以下性质：

（1）如果任一 $u_i = 0$，那么 $C(u;\theta) = 0$。

（2）$C(1, \cdots, 1, u, 1, \cdots, 1) = u_i$，$i = 1, \cdots, N$。

（3）对于任何 $v = (v_1, \cdots, v_N) \in [0,1]^N$，$v_i \leqslant u_i$，$i = 1, \cdots, N$，我们有 $\displaystyle\sum_{j_1}^{2} \cdots \sum_{j_N}^{2} (-1)^{j_1 + \cdots + j_N} C(u_{1,j_1}, \cdots, u_{N,j_N}; \theta) \geqslant 0$，且 $u_{i,1} = v_i$，$u_{i,2} = u_i$。

定义 3.1 中的第（2）个性质意味着 Copula 的边际分布是 [0，1] 上的均匀分布，第（1）个和第（3）个性质保证 Copula 是符合概率公理的多维分布函数。在 $N = 2$ 的情况下，第（3）个性质等效于以下矩形性质：$C(u_1, u_2) - C(u_1, v_2) - C(v_1, u_2) + C(v_1, v_2) \geq 0$，对于任何 $v_i \leq u_i$，$i = 1, 2$。

Sklar 定理（Nelson，2007）是 Copula 理论的核心，它阐明了 Copula 在多元联合分布函数和相应的边际分布之间的关系中所起的作用。

定理 3.1（Sklar 定理）　设 $H(\cdot)$ 是 N 维随机变量 X_1，X_2，$\cdots$，X_N 的联合分布函数，分别具有边距 $F_1(x_1), F_2(x_2), \cdots, F_N(x_N)$。那么存在一个 N 维 Copula C，使得对于所有 $X \in \mathbb{R}^N$，有

$$H(X) = C(F_1(x_1), F_2(x_2), \cdots, F_N(x_N)) \tag{3.26}$$

如果 F_1，F_2，$\cdots$，F_N 是连续的，则 C 是唯一的；否则，C 在 $RanF_1 \times \cdots \times RanF_N$ 上唯一确定，其中 $RanF_i$ 表示 $F_i(i = 1, \cdots, N)$ 的范围。相反，如果 C 是一个 N 维 Copula，$F_1(x_1), F_2(x_2), \cdots, F_N(x_N)$ 是分布函数，那么由式（3.26）定义的函数 $H(\cdot)$ 是 N 个随机变量向量的联合分布函数，具有边际分布 $F_1(x_1), F_2(x_2), \cdots, F_N(x_N)$。

如果满足式（3.26）N 维的 Copula C 是 X_1，X_2，$\cdots$，X_N 的 Copula，根据 Sklar 定理，一个联合分布函数可以通过 Copula 连接到任何一个边际分布。对于一个 Copula $C(\cdot)$，若关于其参数是绝对连续的，则其联合分布的密度如下所示：

$$h(x) = c(F_1(x_1), F_2(x_2), \cdots, F_N(x_N)) \prod_{i=1}^{N} f_i(x_i)$$

其中 $c(\boldsymbol{u}) = \dfrac{\partial^N C(\boldsymbol{u})}{\partial u_1 \cdots \partial u_N}$，并且 f_i 是 F_i 的密度函数。

2. Copula 的模拟

为给定的 Copula 生成样本的一般方法是使用条件抽样。假设 U_1，$\cdots$，U_N 有联合分布函数 C，然后，给定 U_1，$\cdots$，U_{k-1} 值的 U_k 的条件分布由下式给出：

$$C_k(u_k \mid u_1, \cdots, u_{k-1}) = P\{U_k \leqslant u_k \mid U_1 = u_1, \cdots, U_{k-1} = u_{k-1}\}$$

$$= \frac{\partial^{k-1} C(u_1, \cdots, u_k, 1, \cdots, 1)}{\partial u_1 \cdots \partial u_{k-1}} \Big/ \frac{\partial^{k-1} C(u_1, \cdots, u_{k-1}, 1, \cdots, 1)}{\partial u_1 \cdots \partial u_{k-1}}$$

因此，具有边际分布 $F_i (i = 1, \cdots, N)$ 和 Copula C 的随机向量 $X = (X_1, \cdots, X_N)^{\mathrm{T}}$ 可以经由如下步骤生成：

(1) 从 $U(0, 1)$ 生成随机变量 U_1。

(2) 从 $C_2(\cdot \mid U_1)$ 生成随机变量 U_2。

(3) 从 $C_N(\cdot \mid U_1, \cdots, U_{N-1})$ 生成随机变量 U_N。

(4) 返回 $X = (F_1^{-1}(U_1), \cdots, F_N^{-1}(U_N))$。

从 $C_k(\cdot \mid U_1, \cdots, U_{k-1})$ 当中采样 U_k 需要采样 $U \sim U(0,1)$，并且计算 $U_k = C_k^{-1}(U \mid U_1, \cdots, U_{K-1})$（通常通过数值寻根）。条件抽样方法提供了一种基于给定的 Copula 模拟具有相关性的均匀随机数的通用方法，但一般来说，其中的逆函数无法解析计算。通常，这个过程的计算复杂度很高，特别是当 N 很大的时候。然而，对一些特殊的 Copula 族进行抽样，例如阿基米德 Copula（Marshall & Olkin，1988），存在着一些更有效的方法。

3. Copula 和马尔可夫过程

假设 C 是 N 维的 Copula，D 是 M 维的 Copula，那么它们的 $\star$ 乘积由 $C \star D: [0,1]^{N+M-1} \rightarrow [0,1]$ 通过如下等式定义：

$$C \star D(u_1, \cdots, u_{N+M-1}) = \int_0^{u_N} \partial_N C(u_1, \cdots, u_{N-1}, u) \partial_1 D(u, u_{N+1}, \cdots, u_{N+M-1}) \mathrm{d}u$$

其中 $\partial_N C(u_1, \cdots, u_N) = \partial C / \partial u_N$，$\partial_1 D(u_1, \cdots, u_M) = \partial D / \partial u_1$。可以看出 $C \star D$ 是一个 $N + M - 1$ 维的 Copula（Darsow et al.，1992）。若 C 和 D 都是二维的 Copula，则它们的 $\star$ 乘积 $C * D : [0,1]^2 \to [0,1]$ 定义为：

$$C * D(u_1, u_2) = \int_0^1 \partial_2 C(u_1, u) \partial_1 D(u, u_2) \mathrm{d}u$$

不难看出 $\star$ 乘积和 $*$ 乘积与 $C * D(u_1, u_2) = C \star D(u_1, 1, u_2)$ 相关。因此，$C * D$ 也是一个二维 Copula。

将 $\star$ 乘积和 $*$ 乘积应用到查普曼 – 科尔莫戈罗夫（Chapman-Kolmogorov）方程和马尔可夫过程，可以得到如下结果。

定理 3.2　假设 $\{X_t\}$ 是一个离散时间随机过程并且 C_{st} 是 X_s 和 $X_t (1 \leqslant s < t)$ 的 Copula，则：

（1）查普曼 – 科尔莫戈罗夫方程在 $\{X_t\}$ 的转移概率下成立，当且仅当 $C_{st} = C_{sr} * C_{rt}$，对于所有 $1 \leqslant s < r < t$。

（2）$\{X_t\}$ 是一个马尔可夫过程当且仅当对于所有整数 $k \geqslant 1$，且对于所有 $1 \leqslant t_1 < \cdots < t_k$，$C_{t_1 \cdots t_k} = C_{t_1 t_2} \star C_{t_2 t_3} \star \cdots \star C_{t_{k-1} t_k}$，其中 $C_{t_1 \cdots t_k}$ 是 $X_{t_1}, \cdots, X_{t_k}$ 的 Copula。

基于定理 3.2（2），一个平稳的马尔可夫过程可以由 X_t 的边际分布以及 X_t 和 X_{t+1} 的 Copula 唯一确定。

定义 3.2　一个平稳离散时间马尔可夫过程 $\{X_t\}$ 被称为具有边际分布 F 和二维 Copula C 的 Copula 相关过程，如果 F 是 X_t 的边际分布，且 C 是 X_t 和 X_{t+1} 的 Copula。即：$C(F(x_t), F(x_{t+1}))$ 是 X_t 和 X_{t+1} 的联合分布。

显然，$\{X_t\}$ 是一个具有边际分布 F 和 Copula C 的基于 Copula 的过程，那么它可以按如下公式生成：

$$X_{t+1} = F^{-1}(C_2^{-1}(U_{t+1} \mid F(X_t))), \quad t = 1, 2, \cdots, \tag{3.27}$$

其中 $C_2(\cdot\,|\,U)$ 是 Copula C 的条件分布，即：

$$C_2(v\,|\,u) = C_2(u,v) = \Pr\{V \leqslant v\,|\,U = u\} = \partial C(u,v)/\partial u$$

而且，$\{U_t\}$ 是独立同分布的 $U(0,1)$ 随机变量。更具体地说，具有边际分布 F 和连接 X_t 和 X_{t+1} 的二维 Copula C 的 Copula 相关过程可以经由如下步骤生成：

（1）从 $U(0,1)$ 生成随机变量 U_1。

（2）从 $C_2(\cdot\,|\,U_1)$ 生成随机变量 U_2。

（3）从 $C_2(\cdot\,|\,U_{N-1})$ 生成随机变量 U_N。

（4）返回 $X = (F_1^{-1}(U_1),\cdots,F_N^{-1}(U_N),\cdots)$。

X_t 可以被视为具有状态空间 χ 的马尔可夫过程，其中 χ 是 F 的范围。接下来，我们假设状态空间 χ 是连续的。设 Σ 是 χ 子集的 σ 代数，那么对于任何 $[a,b] \subset \chi$，内核 $K(x,[a,b]):\chi \times \Sigma \rightarrow [0,1]$ 定义为：

$$K(x,[a,b]) = C_2(F(x),F(b)) - C_2(F(x),F(a)) \quad (3.28)$$

3.6.2　离散 Copula

1. 离散 Copula 的定义

科莱萨罗娃等（Kolesarova et al.，2006）引入了离散 Copula，它可以被视为具有均匀离散边际的 Copula。代替 $[0,1]$，离散 Copula 定义为 $I_n = \left\{0,\dfrac{1}{n},\cdots,\dfrac{n-1}{n},1\right\}$。

为了便于说明，在本小节的其余部分中，我们将重点关注二维 Copula，尽管我们的大多数结果可以扩展到 N 维 Copula。

定义 3.3　函数 $C_{n,m}:I_n \times I_m \rightarrow [0,1]$ 被称为离散 Copula，如果它满足如下条件：

（1）$C_{n,m}\left(\dfrac{i}{n},0\right) = C_{n,m}\left(0,\dfrac{j}{m}\right) = 0$。

（2）$C_{n,m}\left(\dfrac{i}{n},1\right) = \dfrac{i}{n}$；$C_{n,m}\left(1,\dfrac{j}{m}\right) = \dfrac{j}{m}$。

（3）$C_{n,m}\left(\dfrac{i}{n},\dfrac{j}{m}\right) + C_{n,m}\left(\dfrac{i-1}{n},\dfrac{j-1}{m}\right) - C_{n,m}\left(\dfrac{i-1}{n},\dfrac{j}{m}\right) - C_{n,m}\left(\dfrac{i}{n},\dfrac{j-1}{m}\right) \geqslant$

0, 对于任何 $i \in \{0,1,\cdots,n\}$ 和 $j \in \{0,1,\cdots,m\}$。

　　在本节中，为了在没有混淆的情况下简化符号，我们仅考虑 $m = n$ 的情况，且分别用 C_n 和 I_n^2 代替 $C_{n,n}$ 和 $I_n \times I_n$。对于一个 Copula C，如果

$$C_n\left(\dfrac{i}{n},\dfrac{j}{n}\right) = C\left(\dfrac{i}{n},\dfrac{j}{n}\right),i,j = 0,1,\cdots,n$$

那么我们说 C_n 是 C 的 n 阶离散化。对于任何 Copula C 和它相关的 n 阶离散化 C_n，莫利纳和森皮（Molina & Sempi，2005）证明

$$\lim_{n \to +\infty} C_n\left(\dfrac{\lfloor nu\rfloor}{n},\dfrac{\lfloor nv\rfloor}{n}\right) = \lim_{n \to +\infty} C\left(\dfrac{\lfloor nu\rfloor}{n},\dfrac{\lfloor nv\rfloor}{n}\right) = C(u,v) \quad (3.29)$$

其中，$\lfloor x\rfloor$ 表示 $x \in \mathbb{R}$ 的整数部分。也就是说，任何 Copula 都是其 n 阶离散化的极限。在本节的下面内容中，为了简洁起见，我们使用 $C_n(i,j)$ 代替 $C_n\left(\dfrac{i}{n},\dfrac{i}{n}\right)$。

2. 离散 Copula 和马尔可夫过程

　　科莱萨罗娃等（Kolesarova et al.，2006）通过使用双相矩阵来表达离散 Copula。一个 $n \times n$ 的矩阵 $P_n = (p_n(i,j))$ 被称作双相的，若其所有元素都是非负的并且每行和每列的元素之和等于 1。即，$\forall k \in \{1,\cdots,n\}$，

$$\sum_{i=1}^{n} p_n(i,k) = \sum_{j=1}^{n} p_n(k,j) = 1$$

定理 3.3（Kolesarova et al.，2006） 对于函数 $C_n:I_n^2 \to [0,1]$，以下两个表述等效：

（1）C_n 是一个离散 Copula。

（2）存在一个双相矩阵 $P_n = (p_n(i,j))$，$\forall i,j \in \{0,1,2,\cdots,n\}$，有

$$C_n(i,j) = \frac{1}{n} \sum_{k=1}^{i} \sum_{m=1}^{j} p_n(k,m)$$

科莱萨罗娃等（Kolesarova et al.，2006）证明双相矩阵 $P_n = (p_n(i,j))$ 可以构造为：

$$p_n(i,j) = n(C_n(i,j) - C_n(i-1,j) - C_n(i,j-1) + C_n(i-1,j-1))$$

$$(3.30)$$

为了简化符号，我们有时省略 $p_n(i,j)$ 和 $P_n(i,j)$ 中的 n。接下来，我们将 $*$ 乘积扩展到离散 Copula。将 $\mathbb{C}_n$ 表示为 I_n^2 上所有离散 Copula 的集合。假设 $C_n, D_n \in \mathbb{C}_n$，那么 $\forall i,j \in \{0,1,2,\cdots,n\}$，$C_n * D_n$ 被定义为：

$$(C_n * D_n)(i,j) = \sum_{k=1}^{n} n[C_n(i,k) - C_n(i,k-1)] \cdot$$
$$[D_n(k,j) - D_n(k-1,j)]$$

定理 3.4 如果 C_n，$D_n \in \mathbb{C}_n$，那么 $C_n * D_n \in \mathbb{C}_n$。

定理 3.2 说明了 Copula 的 $*$ 乘积与相应马尔可夫过程的转移概率的查普曼-科尔莫戈罗夫方程之间的关系。而定理 3.5 表明，类似的关系对于离散 Copula 也成立。

定理 3.5 设 $\{X_t\}$ 是具有有限状态空间 $\{0,1,2,\cdots,n\}$ 的离散时

间随机过程，C_{st} 是 X_s 和 $X_t (1 \leqslant s < t)$ 的 Copula，则以下两个表述是等价的：

（1）$\{X_t\}$ 的转移概率满足查普曼 – 科尔莫戈罗夫方程

$$\Pr\{X_t = j \mid X_s = i\} = \sum_{l=1}^{n} \Pr\{X_t = j \mid X_r = l\} \Pr\{X_r = l \mid X_s = i\}$$

对于所有的 $i,j \in \{0,1,2,\cdots,n\}$ 和所有的 $1 \leqslant s < r < t$。

（2）$C_{st} = C_{sr} * C_{rt}$，对于所有的 $1 \leqslant s < r < t$。

科莱萨罗娃等（Kolesarova et al.，2006）使用反例说明通常 $C_n * D_n \neq (C * D)_n$。然而，定理 3.6 表明：当 $n \to \infty$，$C_n * D_n$ 等于 $C * D$。

定理 3.6　假设 C_n 和 D_n 分别是 Copula C 和 D 的 n 阶离散化，那么

$$\lim_{n \to +\infty} C_n * D_n\left(\frac{\lfloor nu \rfloor}{n}, \frac{\lfloor nv \rfloor}{n}\right) = C * D(u,v)$$

3.6.3　Copula 相关过程的离散化

我们现在考虑如何离散一个具有边际分布 F 和二维 Copula C 的基于 Copula 过程的 $\{X_t\}$。假设 C_n 是 C 的 n 阶离散化。如果 $\{X_{t,n}\}$ 是一个具有边际分布 F 和 Copula C_n 的离散 Copula 相关过程，那么我们说它是 $\{X_t\}$ 的 n 阶离散化。因此，$X_{t,n}$ 和 $X_{t+1,n}$ 的联合分布由下式给出：

$$C_n\left(\frac{\lceil nF(x_{t,n}) \rceil}{n}, \frac{\lceil nF(x_{t+1,n}) \rceil}{n}\right)$$

如 3.6.1 节所讨论的，对于具有状态空间 χ 的马尔可夫过程，相应的内核 $K_n(x,[a,b]):\chi \times \Sigma \to [0,1]$ 定义为：

$$K_n(x,[a,b])$$

$$= \begin{cases} \sum_{j=i+1}^{m-1} p_n(k,j) + p_n(k,m) \left[nF(b)-(m-1) \right] + p_n(k,l) \left[l-nF(a) \right], & l < m \\ \\ p_n(k,l) \left[nF(b) - nF(a) \right], & l = m \end{cases}$$

其中, $k = \lfloor nF(x) \rfloor$, $l = \lfloor nF(a) \rfloor$, $m = \lfloor nF(b) \rfloor$, 且 $p_n(i,j)$ 由式 (3.30) 所定义。

$\{X_{t,n}\}$ 也可以看作一个马尔可夫驱动的过程, 其基础是有着状态空间 $\{1, 2, \cdots, n\}$ 和由式 (3.30) 定义的转移概率矩阵 $(p_n(i, j))$ 的马尔可夫过程 $\{J_{t,n}\}$。给定 $J_{t,n} = i$, $X_{t,n}$ 的条件概率分布函数是:

$$F(x \mid J = i) = \begin{cases} nF(x) - (i-1), & \text{若 } x \in \left(F^{-1}\left(\frac{i-1}{n}\right), F^{-1}\left(\frac{i}{n}\right) \right) \\ \\ 0, & \text{否则} \end{cases}$$

显然, 这意味着当 $J_{t,n} = i$ 时, $X_{t,n} \in \left(F^{-1}\left(\frac{i-1}{n}\right), F^{-1}\left(\frac{i}{n}\right) \right)$。

在上述对离散 Copula 相关过程的定义中, 只有 Copula 被离散化, 边际分布被随之修正但没有被离散化, 并且最终过程的状态空间仍然保持不变。相应的离散 Copula 相关过程 $\{X_{t,n}\}$ 可以经由如下步骤生成:

(1) 从 $U(0, 1)$ 生成随机变量 U_1, 并得到相应的 $X_1 = F^{-1}(U_1)$ 和底层状态 $J_{1,n} = \lceil nU_1 \rceil$;

(2) 基于 $J_{1,n}$ 生成 $J_{2,n}$ 和转移概率矩阵 $(p_n(i,j))$; 得到相应的 $U_2 = \frac{J_{2,n-1}}{n} + U \cdot n$, 其中 U 由 $U(0, 1)$ 生成且 $X_2 = F^{-1}(U_2)$。

(3) 返回 $X = (X_1, X_2, \cdots)$。

在 3.6.1 节, 我们定义了可被视作马尔可夫过程的 Copula 相关过

程 $\{X_t\}$，其具有由式（3.28）给出的转移内核。接下来，我们将介绍 $\{X_t\}$、$\{X_{t,n}\}$ 的 n 阶离散化及其相关的转移内核 $K_n(x,[a,b])$。下面的命题解释了当 $n \to \infty$ 时，转移内核 $K_n(x,[a,b])$ 的收敛性，且它是随机过程 $\{X_{t,n}\}$ 收敛的前提。

命题 3.1　如果 $C_2(u,v) = \partial C/\partial u$ 满足如下利普希茨（Lipschitz）条件，$\forall u$，u'，v，$v' \in I$，

$$|C_2(u,v) - C_2(u',v)| \leqslant L|u - u'|$$

$$|C_2(u,v) - C_2(u,v')| \leqslant L|v - v'|$$

其中 $L > 0$ 是某个常数，那么当 $n \to \infty$ 时，$K_n(x,[a,b]) \to K(x,[a,b])$。

$(\mathcal{M},\Omega) = (\mathcal{X},\Sigma)^\infty$ 表示随机过程 $\{X_t\}$ 的无穷乘积空间。给定 Σ 上的概率测度 ω 和 $(\mathcal{M},\Sigma)$ 上的马尔可夫核 K，那么存在 $(\mathcal{M},\Omega)$ 上的概率测度 P，使得 $\{X_t\}$ 是概率空间 $(\mathcal{M},\Omega)$ 上的马尔可夫链，其状态空间为 χ，初始分布为 ω，转移内核为 K（Karr，1975）。相似地，对于马尔可夫内核 K_n，我们也有相应的在 $(\mathcal{M},\Omega)$ 上的测度 P_n。定理 3.7 表明，当转移内核如命题 3.1 所示的弱收敛时，那么相关的马尔可夫序列 $\{X_{t,n}\}$ 弱收敛于 $\{X_t\}$。

定理 3.7　如果命题 3.1 中的利普希茨条件成立，那么在 $(\mathcal{M},\Omega)$ 上 $\mathcal{P}_n \Rightarrow \mathcal{P}$。

为显示 $\{X_{t,n}\}$（$\{X_t\}$ 的 n 阶离散化）弱收敛于 $\{X_t\}$，我们将提供一些示例。

示例 3.1　FGM（the Farlie – Gumbel – Morgenstern family）Copula。FGM Copula 被定义为：

$$C_F(u,v;\theta) = uv(1 + \theta(1 - u)(1 - v)) \tag{3.31}$$

其中 $-1 \leqslant \theta \leqslant 1$ 是一个相关参数。如果 $\theta \in [-1,1]$，容易证明式

（3.31）中的 $C_F(u,v;\theta)$ 满足定义 3.1 的要求。由于其简单的分析形式，FGM 分布得到了广泛的应用，例如，尼尔森（Nelsen，2007）。我们将 FGM Copula 的 n 阶离散化表示为 $C_{F,n}$，则其转移概率矩阵由 $P_{F,n} = (p_{F,n}(i,j))$ 给出：

$$p_{F,n}(i,j) = \frac{n^2 + \theta(1 - 2i + n)(1 - 2j + n)}{n^3} \tag{3.32}$$

设 $P_{FF,n} = P_{F,n} * P_{F,n} = (p_{FF,n}(i,j))$，则有：

$$p_{FF,n}(i,j) = \frac{\theta^2(i(2 - 4j) + 2j - 1)}{3 n^5} + \frac{2 \theta^2(i + j - 1)}{3 n^4} +$$

$$\frac{2 \theta^2(i(2j - 1) - j)}{3 n^3} - \frac{2 \theta^2(i + j - 1)}{3 n^2} + \frac{3 + \theta^2}{3n}$$

$$C_{F,n} * C_{F,n}\left(\frac{i}{n}, \frac{j}{n}\right) = -\frac{i^2 j^2 \theta^2}{3 n^6} + \frac{ij(i + j) \theta^2}{3 n^5} + \frac{ij(ij - 1) \theta^2}{3 n^4} +$$

$$\frac{i(-i-j)j \theta^2}{3 n^3} + \frac{ij(3 + \theta^2)}{3 n^2}$$

根据 $C_{F,n} * C_{F,n}$，可以进一步计算其相应的双相矩阵 $\bar{P}_{FF,n}$ 并验证 $\bar{P}_{FF,n} = P_{FF,n}$，如定理 3.5 所示。此外，

$$C_F * C_F(u,v) = \frac{1}{3}uv(3 + (u - 1)(v - 1) \theta^2),$$

因此，$\lim_{n \to +\infty} C_{F,n} * C_{F,n}\left(\frac{\lfloor nu \rfloor}{n}, \frac{\lfloor nv \rfloor}{n}\right) = C_F * C_F(u,v)$，如定理 3.6 所示。

令 $\{X_t\}$ 是一个基于 Copula 的过程，具有边际分布 $F(x) = 1 - \exp(-\lambda x)$ 和定义 3.2 中定义的相邻输入函数（FGM Copula C_F）。如果我们在 FGM Copula 中选择 $n = 3$ 和 $\theta = 0.8$，则三阶离散马尔可夫过程具有如下转移概率矩阵：

$$P_{F,3} = \begin{pmatrix} 0.452 & 0.333 & 0.215 \\ 0.333 & 0.333 & 0.333 \\ 0.215 & 0.333 & 0.452 \end{pmatrix}$$

示例 3.2　高斯 Copula。

对于给定的协方差矩阵 $R \in [-1,1]^{2 \times 2}$，具有 R 的高斯 Copula 可以写成：

$$C_G(u,v) = \Phi_R(\Phi^{-1}(u), \Phi^{-1}(v))$$

其中 Φ^{-1} 是标准正态分布的逆累积分布函数，Φ_R 是具有零均值和协方差矩阵 R 的二元正态分布联合累积分布函数。由于自回归移动平均（auto-regressive moving average，ARMA）模型不能直接应用于边际分布不是正态的那些过程的建模，凯罗和尼尔森（Cario & Nelson，1996）、蒂娜等（Tina et al., 1996）提出了将 AR（1）过程转换为相应的均匀自相关随机变量的想法，并应用逆变换方法生成具有给定边际分布的过程。该基于变换的模型与本示例中的基于高斯 Copula 的模型相同。虽然 Copula 函数 $C_G(u,v)$ 没有简单的解析式，但我们可以对任何给定的 (u,v) 及其 n 阶离散化 $P_{G,n} = (p_{G,n}(i,j))$ 的相应转移概率矩阵进行数值计算。

例如，假设

$$R = \begin{pmatrix} 1 & 0.5 \\ 0.5 & 1 \end{pmatrix}$$

且 $n = 3$，则有

$$P_{G,3} = \begin{pmatrix} 0.549 & 0.311 & 0.140 \\ 0.311 & 0.378 & 0.311 \\ 0.140 & 0.311 & 0.549 \end{pmatrix}$$

3.7　本章小结

本章考察了由一个马尔可夫过程驱动需求的 (s, S) 库存系统。我们考虑了三种不同的库存策略：状态独立策略、半状态依赖策略和状态依赖策略。基于一组包含库存水平的各阶矩的递推方程，我们开发了两种数值算法用以计算库存水平的各阶矩以及多种与库存水平相关的库存成本指标：一种方法基于麦克劳林级数和帕德逼近，另一种方法则是通过求解一组方程组来实现。数值结果显示我们的方法十分有效。本章的数值方法提供了有效的途径去计算需求时序相关的库存系统中的库存水平和库存成本。这两种方法能够为在需求时序相关的库存系统中寻找最优的 (s, S) 库存策略节约大量的计算时间。本章还提出了使用 Copula 来构建时序相关的库存系统需求模型，以替代马尔可夫过程驱动的时序相关需求模型。

第4章　基于梯度的 (s, S) 库存系统的数值优化

本章针对第 2 章中提出的需求时序独立的定期盘点 (s, S) 库存系统，设计了基于梯度的数值优化来计算最优的 s 和 S。该优化方法使用麦克劳林级数计算库存成本及其相关导数，并将上述导数使用到基于梯度的优化方法来确定 s 和 S 的最优值。本章选择最速下降法和 CBFGS 算法分别与第 2 章所提的数值方法相结合，该基于梯度的数值优化很容易实施，有效且快速。

4.1　基于梯度的优化方法

4.1.1　最速下降法简介

目标函数的负梯度方向称为最速下降方向。对于线搜索方法，如果用最速下降方法作为搜索方向，便得到最速下降法。使用线搜索方法，先要解决搜索步长的问题。设目标函数 $f: \mathbb{R}^n \to \mathbb{R}$ 连续可微。为简单起见，令 $\mathbf{g}_k = \nabla f(\mathbf{x}_k)$，并设 $\mathbf{d}_k$ 为目标函数在 $\mathbf{x}_k$ 点的下降方向。为求目标函数的最小值，一个直观的想法是沿着该方向寻求一个新的点

使得目标函数有最大限度的下降，也就是取步长

$$\theta_k = \arg \min_{\theta \geq 0} f(\mathbf{x}_k + \theta \mathbf{d}_k)$$

这样的 θ_k 称为最优步长。根据最优性条件，该步长满足以下正交性条件：

$$\mathbf{d}_k^{\mathrm{T}} \nabla f(\mathbf{x}_k + \theta_k \mathbf{d}_k) = 0$$

该步长规则称为最优步长规则。基于最优步长规则，可以设计最速下降法，其基本步骤如下：

步骤 1：取初始点 $\mathbf{x}_0 \in \mathbb{R}^+$ 和精度参数 $\epsilon \geq 0$，令 $k = 0$。

步骤 2：若 $\|\mathbf{g}_k\| \leq \epsilon$，算法停止；否则，进入下一步。

步骤 3：取 $\mathbf{d}_k = -\mathbf{g}_k$，利用线搜索步长规则产生步长 θ_k。

步骤 4：令 $\mathbf{x}_{k+1} = \mathbf{x}_k + \theta_k \mathbf{d}_k$，$k = k + 1$。返回步骤 2。

4.1.2　BFGS 算法简介

BFGS 算法是布洛伊登（Broyden）、弗莱彻（Fletcher）、戈德法布（Goldfarb）、香农（Shanno）四位学者共同提出的，是求解无约束优化问题最有效的拟牛顿算法之一。拟牛顿法的基本思想是用不含二阶导数的对称正定矩阵 $\mathbf{B}_k$ 去近似代替牛顿法中的海塞（Hessian）矩阵，但其迭代近似仍保持牛顿法的性质。

假设在第 k 次迭代后，得到点 $\mathbf{x}_{k+1}$，将 $f(\mathbf{x})$ 在点 $\mathbf{x}_{k+1}$ 做泰勒展开，并取二阶近似，得到：

$$f(\mathbf{x}) \approx f(\mathbf{x}_{k+1}) + \nabla f(\mathbf{x}_{k+1})(\mathbf{x} - \mathbf{x}_{k+1}) +$$
$$\frac{1}{2}(\mathbf{x} - \mathbf{x}_{k+1})^{\mathrm{T}} \nabla^2 f(\mathbf{x}_{k+1})(\mathbf{x} - \mathbf{x}_{k+1}) \qquad (4.1)$$

对式（4.1）的两边同时求导，并令 $\mathbf{x} = \mathbf{x}_k$ 可得：

$$\nabla f(\mathbf{x}_k) \approx \nabla f(\mathbf{x}_{k+1}) + \nabla^2 f(\mathbf{x}_{k+1})(\mathbf{x}_k - \mathbf{x}_{k+1}) \tag{4.2}$$

即：

$$\nabla f(\mathbf{x}_{k+1}) - \nabla f(\mathbf{x}_k) \approx \nabla^2 f(\mathbf{x}_{k+1})(\mathbf{x}_{k+1} - \mathbf{x}_k) \tag{4.3}$$

令 $\mathbf{y}_k = \nabla f(\mathbf{x}_{k+1}) - \nabla f(\mathbf{x}_k)$，$\mathbf{s}_k = \mathbf{x}_{k+1} - \mathbf{x}_k$，假设 $\mathbf{B}_{k+1}$ 是 $\nabla^2 f(\mathbf{x}_{k+1})$ 的近似矩阵，则可得到拟牛顿方程：

$$\mathbf{B}_{k+1}\mathbf{s}_k = \mathbf{y}_k \tag{4.4}$$

为了确定 $\mathbf{B}_{k+1}$，BFGS 算法给出了构造公式（BFGS 修正公式）：

$$\mathbf{B}_{k+1} = \mathbf{B}_k + \Delta\mathbf{B}_k = \mathbf{B}_k - \frac{\mathbf{B}_k\mathbf{s}_k(\mathbf{s}_k)^{\mathrm{T}}\mathbf{B}_k}{(\mathbf{s}_k)^{\mathrm{T}}\mathbf{B}_k\mathbf{s}_k} + \frac{\mathbf{y}_k(\mathbf{y}_k)^{\mathrm{T}}}{(\mathbf{y}_k)^{\mathrm{T}}\mathbf{s}_k} \tag{4.5}$$

其中初始矩阵 $\mathbf{B}_1$ 为 n 阶对称正定阵，实际中通常取为单位阵。BFGS 算法的基本步骤如下：

步骤 1：取初始点 $\mathbf{x}_1$，初始矩阵 $\mathbf{B}_1 = \mathbf{I}$（单位阵），精度参数 $\epsilon \geqslant 0$，$k=1$。

步骤 2：若 $\|\nabla f(\mathbf{x}_k)\| \leqslant \epsilon$，算法停止，$\mathbf{x}_k$ 为无约束问题的最优解；否则，解线性方程组 $\mathbf{B}_k\mathbf{d} = -\nabla f(\mathbf{x}_k)$ 的搜索方向 $\mathbf{d}_k$。

步骤 3：做一维搜索，根据 Goldstein 方法

$$f(\mathbf{x}_k + \theta_k\mathbf{d}_k) \leqslant f(\mathbf{x}_k) + \theta\beta_1\nabla f(\mathbf{x}_k)^{\mathrm{T}}\mathbf{d}_k \tag{4.6}$$

$$f(\mathbf{x}_k + \theta_k\mathbf{d}_k) \geqslant f(\mathbf{x}_k) + \theta\beta_2\nabla f(\mathbf{x}_k)^{\mathrm{T}}\mathbf{d}_k \tag{4.7}$$

其中 $0 < \beta_1 < \beta_2 < 1$，得到步长 θ_k，令 $\mathbf{x}_{k+1} = \mathbf{x}_k + \theta_k\mathbf{d}_k$。

步骤 4：按照 BFGS 公式修正 $\mathbf{B}_k$。

步骤 5：令 $k = k+1$。返回步骤 2。

BFGS 算法虽然是求解无约束优化问题的有效方法，在目标函数具有凸性时，有很好的数值实验结果，但有实例（Dai，2002）表明 BFGS 算法被用于求解非凸函数极小值问题时不一定全局收敛，为此

研究者们提出了许多修正公式，比如 CBFGS 方法、修正 BFGS（mod-ified BFGS，MBFGS）方法等。本章采用 CBFGS 算法来求解。CBFGS 算法的修正公式如下：

$$
\mathbf{B}_{k+1} = \begin{cases} \mathbf{B}_k - \dfrac{\mathbf{B}_k \mathbf{s}_k (\mathbf{s}_k)^{\mathrm{T}} \mathbf{B}_k}{(\mathbf{s}_k)^{\mathrm{T}} \mathbf{B}_k \mathbf{s}_k} + \dfrac{\mathbf{y}_k (\mathbf{y}_k)^{\mathrm{T}}}{(\mathbf{y}_k)^{\mathrm{T}} \mathbf{s}_k}, & \text{若} \dfrac{(\mathbf{y}_k)^{\mathrm{T}} \mathbf{s}_k}{\|\mathbf{s}_k\|^2} > \delta \|\nabla f(\boldsymbol{x}_k)\|^u \\ \mathbf{B}_k, & \text{否则} \end{cases}
$$

$$(4.8)$$

其中 δ 和 u 都是大于 0 的常数。

4.2　基于最速下降法的数值优化

本节基于第 2 章中的数值算法，结合最速下降法，计算具有连续需求的定期盘点库存系统的最优 (s, S) 策略。由于定期盘点 (s, S) 库存系统的成本函数通常不是凸的，因此任何基于梯度的算法可能只能找到局部最优解。本节以及后面 4.3 节的算法并不能保证找到系统全局最优解，然而，基于梯度的算法还可以与其他方法结合使用，从而找到全局最优解，例如沙欣（Sahin，1982）。此外，还可以证明在某些特殊情况下，本节以及后面 4.3 节基于梯度的优化方法能够找到全局最优解，比如，在需求过程的更新函数是凹的时候，具体可见沙欣（Sahin，1982），以及袁浩等（Yuan et al.，2021）。

4.2.1　模型回顾

仍然考察第 2 章的需求时序独立的定期盘点 (s, S) 库存系统，

D_n 为第 n 期的需求，X_n 是周期 n 期初的库存位置（在库加在途库存），如第 2 章所示，X_n 的递归动态方程为：

$$X_{n+1} = \begin{cases} X_n - D_n, & X_n \geqslant s \\ S - D_n, & X_n < s \end{cases}$$

与第 2 章的假设不同，本节假设该库存系统具有固定的提前期 L，即：如果订单在第 n 期下达，那么它将在第 $n+L$ 期的期初到达。令 W_n 为第 n 期开始时的库存位置，则有

$$W_{n+L} = X_n - \sum_{i=n}^{n+L-1} D_i \tag{4.9}$$

如果 $L=0$（订单无提前期），则 $W_n = X_n$，即：库存水平等于库存位置。不难发现，由于 X_n 和 $\sum_{i=n}^{n+L-1} D_i$（从第 n 期到第 $n+L-1$ 期的总需求）是相互独立的，因此，可以很容易地根据 X_n 来评估 W_n。

假设 $\{X_n\}$ 是平稳且遍历的，即：$X_n \xrightarrow{d} X$，那么 $\{W_n\}$ 也是平稳且遍历的，即：$W_n \xrightarrow{d} W$。由式（4.9），有

$$W = X - \sum_{i=1}^{L} D_i \tag{4.10}$$

与第 2 章一样，本节再引入 $\{Y_n\}$，且 $Y_n \xrightarrow{d} Y$。第 2 章实际上提出了三种不同的方法来计算 Y 和 X 的矩：第一种方法是基于求解一个线性方程组，第二种方法是基于一个简单的递归过程，第三种方法是基于麦克劳林级数展开法。本节使用第二种方法做数值计算（具体可见定理 2.2）。

4.2.2 库存成本及其导数与最速下降法

为了计算库存成本，这里引入一些额外的符号：

$$O_n = \begin{cases} 0, & X_n \geqslant s \\ S - X_n, & X_n < s \end{cases} \quad \text{表示阶段 } n \text{ 的订货量。}$$

$$\delta(O_n) = \begin{cases} 1, & \text{若 } O_n > 0 \\ 0, & \text{否则} \end{cases} \quad \text{表示阶段 } n \text{ 是否下订单的示性函数。}$$

$U_n = \max\{W_n, 0\}$ 表示阶段 n 的期初净库存量。

$V_n = \max\{-W_n, 0\}$ 表示阶段 n 的期初缺货量。

同样地，如果 $\{W_n\}$ 平稳且遍历，那么 $\{O_n, U_n, V_n\}$ 也是平稳且遍历的，即：$(U_n, V_n, W_n) \xrightarrow{d} (U, V, W)$。再假设：$K =$ 每阶段订货的固定成本（$K \geqslant 0$）；$c =$ 每阶段订货的可变成本（$c \geqslant 0$）；$C(O) = K\delta(O) + cO$ 为每阶段的订货总成本；$H(U) =$ 库存成本函数；$B(V) =$ 缺货成本函数。则该库存系统的总成本函数（性能指标）为：

$$G(s, q) = E\big[C(0) + H(U) + B(V) \big] \tag{4.11}$$

式（4.11）是每阶段的长期平均成本，本节使用 $G(s, q)$ 来强调该成本是关于 s 和 q 的函数，目标是找到最优的 s 和 q 来最小化 $G(s, q)$。找到最优的 s 和 S 与找到最优的 s 和 q 是等价的。显然，为了评估 $G(s, q)$，我们只需要计算 $E[\delta(O)]$、$E[O]$、$E[H(U)]$ 和 $E[B(V)]$。接下来，假设 $H(x)$ 和 $B(x)$ 在 $x \geqslant 0$ 的区间上均可以表达为麦克劳林级数的形式：

$$H(x) = \sum_{j=0}^{\infty} h_j x^j \tag{4.12}$$

$$B(x) = \sum_{j=0}^{\infty} b_j x^j \tag{4.13}$$

在许多应用中，$H(x)$ 和 $B(x)$ 被假设为线性或二次函数，在这种情况下，式（4.12）和式（4.13）显然成立。基于式（4.12）和式（4.13），为了求得 $E[H(U)]$ 和 $E[B(V)]$，只需要计算 U 和 V 的矩。

对于 $E[\delta(O)]$，有：

$$E[\delta(O)] = P[X < s] = P[Y < D] = 1 - P[Y \geqslant D]$$

$$= 1 - E\Big[\int_0^Y \sum_{m=0}^{\infty} \frac{f^{(m)}(0)}{m!} x^m \mathrm{d}x\Big] \qquad (4.14)$$

$$= 1 - \sum_{m=0}^{\infty} \alpha_{0m} E[Y^{m+1}]$$

对于 $E[O]$，有：

$$E[O] = E[(S - X)1(X < s)]$$

$$= E[(q + D - Y)1(Y < D)]$$

$$= q\Big(1 - \sum_{m=0}^{\infty} \alpha_{0m} E[Y^{m+1}]\Big) + E[D] - E[Y]$$

$$\quad - E\Big[\int_0^Y \sum_{m=0}^{\infty} \frac{f^{(m)}(0)}{m!}(Y - x)x^m \mathrm{d}x\Big]$$

$$= q\Big(1 - \sum_{m=0}^{\infty} \alpha_{0m} E[Y^{m+1}]\Big) + E[D] - E[Y] - \sum_{m=0}^{\infty} \alpha_{1m} E[Y^{m+2}]$$

$$= q + E[D] - \sum_{m=0}^{\infty} (\alpha_{0m} + \alpha_{1(m-1)}) E[Y^{m+1}] \qquad (4.15)$$

在式 (4.15) 中，令 $\alpha_{1(-1)} = 1$。为了说明如何计算 $E[U^k]$ 和 $E[V^k]$，这里以 $L = 0$ 和 $L = 1$ 两种情况为例。对于 $L = 0$，有：

$$E[U^k] = E[(Y + s - D)^k 1(D \leqslant Y + s)]$$

$$= E\Big[\int_0^{Y+s} \sum_{m=0}^{\infty} \frac{f^{(m)}(0)}{m!}(Y + s - x)^k x^m \mathrm{d}x\Big]$$

$$= \sum_{m=0}^{\infty} \alpha_{km} E[(Y + s)^{k+m+1}]$$

$$= \sum_{m=0}^{\infty} \alpha_{km} \sum_{i=0}^{k+m+1} \frac{(k + m + 1)!}{i!(k + m + 1 - i)!} s^{k+m+1-i} E[Y^i] \qquad (4.16)$$

以及

$$\begin{aligned}
E[V^k] &= E\left[(D - Y - s)^k \mathbf{1}(D > Y + s)\right] \\
&= (-1)^k \left(E\left[(Y + s - D)^k\right] - E[U^k]\right) \qquad (4.17) \\
&= (-1)^k \left(\sum_{i=0}^{k} \frac{k!}{i!(k-i)!} E[Y^i] E\left[(s - D)^{k-i}\right] - E[U^k]\right)
\end{aligned}$$

对于 $L = 0$，有：

$$\begin{aligned}
E[U^k] &= E\left[(X - D)^k \mathbf{1}(D \leqslant X)\right] \\
&= E\left[(Y + s - D^{(2)})^k \mathbf{1}(D^{(2)} \leqslant Y + s)\right] \\
&= E\left[\int_0^{Y+s} \sum_{m=0}^{\infty} \frac{f_2^{(m)}(0)}{m!} (Y + s - x)^k x^m \mathrm{d}x\right] \qquad (4.18) \\
&= \sum_{m=0}^{\infty} \gamma_{km}^{(2)} E\left[(Y + s)^{k+m+1}\right] \\
&= \sum_{m=0}^{\infty} \gamma_{km}^{(2)} \sum_{i=0}^{k+m+1} \frac{(k+m+1)!}{i!(k+m+1-i)!} s^{k+m+1-i} E[Y^i]
\end{aligned}$$

以及

$$\begin{aligned}
E[V^k] &= E\left[(D - X)^k \mathbf{1}(D > X)\right] \\
&= E\left[(D^{(2)} - Y - s)^k \mathbf{1}(D^{(2)} > Y + s)\right] \\
&= (-1)^k \left(E\left[(Y + s - D^{(2)})^k\right] - E[U^k]\right) \qquad (4.19) \\
&= (-1)^k \left(\sum_{i=0}^{k} \frac{k!}{i!(k-i)!} E[Y^i] E\left[(s - D^{(2)})^{k-i}\right] - E[U^k]\right)
\end{aligned}$$

其中，$D^{(2)}$ 是两个独立需求的和，这些需求与 Y 无关。$f_2^{(m)}(0)$ 是 $f_2(x)$（即 $f(x)$ 的二重卷积）在 $x = 0$ 处的 m 阶导数，且 $\gamma_{km}^{(2)} = k! f_2^{(m)}(0)/(k + m + 1)!$。因此，$U$ 和 V 的矩可以根据 Y 的矩来计算。对于一般的 L，只需将 $D^{(2)}$ 替换为 $D^{(L+1)}$（即 $L + 1$ 个独立需求的和），并将 $f_2(x)$ 替换为 $f_{L+1}(x)$（即 $f(x)$ 的 $L + 1$ 重卷积）。需要指出，在上述推导中，我们自由地交换了期望、求和和积分等运算符。这些运算符可以交换的条件是非常宽松的，详见胡建强等（Hu et al.，1993）的讨论。

　　从式（4.14）～式（4.19）可见，$E[G(s,q)]$ 关于 s 和 q 的导数可以基于 Y 的矩的导数计算得到，而 Y 的矩的导数可以很容易地通过对式（2.16）求导得到。实际上，只需要求得 Y 的矩的一阶和二阶导数，就可以使用任何基于梯度的算法来计算 s 和 q 的值，本节使用最速下降法来优化 s 和 q。

　　为了简单起见，假设 $H(x) = hx$ 以及 $B(x) = bx$，其中 h 和 b 是两个非负系数。该系统的库存总成本函数可以重新表达为：

$$
\begin{aligned}
G(s,q) &= K E[\delta(O)] + c E[O] + h E[U] + b E[V] \\
&= K\left\{ 1 - \sum_{m=0}^{\infty} \alpha_{0m} E[Y^{m+1}] \right\} \\
&\quad + c\left\{ q + E[D] - \sum_{m=0}^{\infty} (\alpha_{0m} + \alpha_{1(m-1)}) E[Y^{m+1}] \right\} \\
&\quad + (h+b)\left\{ \sum_{m=0}^{\infty} \gamma_{1m}^{(L+1)} \sum_{i=0}^{m+2} \frac{(m+2)!}{i!(m+2-i)!} s^{m+2-i} E[Y^i] \right\} \\
&\quad - b\left\{ s + E[Y] - E[D^{(L+1)}] \right\}
\end{aligned}
$$

$G(s,q)$ 关于 s 和 q 的一阶导数分别计算如下：

$$
\frac{\partial G(s,q)}{\partial s} = (h+b)\left\{ \sum_{m=0}^{\infty} \gamma_{1m}^{(L+1)} \sum_{i=0}^{m+2} \frac{(m+2)!}{i!(m+1-i)!} s^{m+1-i} E[Y^i] \right\} - b
$$

$$
\begin{aligned}
\frac{\partial G(s,q)}{\partial q} &= -K\left\{ \sum_{m=0}^{\infty} \alpha_{0m} \frac{\partial E[Y^{m+1}]}{\partial q} \right\} - b \frac{\partial E[Y]}{\partial q} \\
&\quad + c\left\{ 1 - \sum_{m=0}^{\infty} (\alpha_{0m} + \alpha_{1(m-1)}) \frac{\partial E[Y^{m+1}]}{\partial q} \right\} \\
&\quad + (h+b)\left\{ \sum_{m=0}^{\infty} \gamma_{1m}^{(L+1)} \sum_{i=0}^{m+2} \frac{(m+2)!}{i!(m+2-i)!} s^{m+2-i} \frac{\partial E[Y^i]}{\partial q} \right\}
\end{aligned}
$$

其中，

$$
\frac{\partial E[Y^k]}{\partial q} = \frac{\displaystyle\sum_{m=0}^{\infty} (k+m) a_{km} q^{k+m-1}}{\displaystyle\sum_{m=0}^{\infty} d_m q^m}
$$

$$-\frac{\left(\sum\limits_{m=0}^{\infty}a_{km}q^{k+m}\right)\left(\sum\limits_{m=0}^{\infty}md_mq^{m-1}\right)}{\left(\sum\limits_{m=0}^{\infty}d_mq^m\right)^2},k=1,2,\cdots$$

基于上述导数，使用最速下降法计算 s 和 q 的步骤如下：

步骤 1：令 $k=0$，选择一个初始点 $\mathbf{x}_0=(s_0,q_0)\in\mathbb{R}\times\mathbb{R}^+$ 和精度参数 $\epsilon\geqslant0$。

步骤 2：计算梯度 $\mathbf{g}_k=\left(\dfrac{\partial G(s,q)}{\partial s}\Big|\mathbf{x}_k=(s_k,q_k),\dfrac{\partial G(s,q)}{\partial q}\Big|\mathbf{x}_k=(s_k,q_k)\right)$。如果 $\|\mathbf{g}_k\|\leqslant\epsilon$，则算法停止；否则，返回步骤 3。

步骤 3：令 $\mathbf{d}_k=-\mathbf{g}_k$，步长 θ_k 可以使用回溯线搜索方法生成[①]。

步骤 4：更新 $\mathbf{x}_{k+1}=\mathbf{x}_k+\theta_k\mathbf{d}_k$，$k=k+1$，返回步骤 2。

如果 $G(s,q)$ 是凸函数，那么基于上述算法得到的 $\{\mathbf{x}_k\}$ 将收敛到全局最优解 (s^*,q^*)，满足

$$\frac{\partial G(s^*,q^*)}{\partial s}=\frac{\partial G(s^*,q^*)}{\partial q}=0 \tag{4.20}$$

即使 $G(s,q)$ 是非凸函数，假设该函数在局部是凸的且具有局部最小点是合理的，如果使用最速下降法在该局部区域内搜索，那么 $\{x_k\}$ 将收敛到局部最小点。对于一般的 (s,S) 库存系统，总成本函数 $G(s,q)$ 通常是非凸的。因此，最速下降法可能只能找到局部最小解。不过，沙欣（Sahin, 1982）指出，如果需求过程 $\{D_n\}_{n\geqslant1}$ 的更新函数是凹的，那么对于 $q\geqslant0$，$G(s^*(q),q)$ 关于 q 是伪凸的，其中 $s^*(q)$ 是对于任意给定的 $q\geqslant0$ 的最优再订货点。在这种情况下，

---

① 对于两个常量 λ，γ，$0<\lambda<0.5$，$0<\gamma<1$，步长 θ_k 使用如下回溯搜索方法来确定：初始化 $\theta_k=1$，且令 $\theta_k=\gamma\theta_{k-1}$，直至 $G(\mathbf{x}_k+\theta_k\mathbf{d}_k)<G(\mathbf{x}_k)-\lambda\theta_k\mathbf{d}_k^{\mathrm{T}}\mathbf{d}_k$。详见博伊德和范登贝格（Boyd & Vandenberghe, 2004），第 464 页。

$- G(s^*(q), q)$ 是单峰的，并且式（4.20）成为 $G(s, q)$ 具有全局最小点的充分条件，因此，最速下降法可以找到全局最小点。

下面 4.2.3 节将在三种不同需求分布的情况下做数值算例（三种需求分布为：指数分布、2 阶埃尔朗分布和 2 级超指数分布）。可以证明，若需求分布是指数分布或 2 级超指数分布（Sahin，1982），则需求的更新函数是凹的，因此，在此情况下，最速下降法能够找到全局最优解。对于服从 2 阶埃尔朗分布的需求，其更新函数不再是凹的，然而，数值结果表明，4.2 节所设计的算法仍然表现良好。

4.2.3　数值算例

本节考虑了三个关于 $f(x)$ 的例子：（1）均值为 $1/\lambda$ 的指数分布，即 $f(x) = \lambda e^{-\lambda x}, x \geq 0$；（2）均值为 $2/\lambda$ 的 2 阶埃尔朗分布，即 $f(x) = \lambda^2 x e^{-\lambda x}, x \geq 0$；（3）2 级超指数分布，即 $f(x) = p\lambda_1 e^{-\lambda_1 x} + (1 - p)\lambda_2 e^{-\lambda_2 x}, x \geq 0$，其中 $\lambda_1, \lambda_2 \geq 0$，且 $0 \leq p \leq 1$。因为 c 对 (s, q) 的最优值没有影响，在这三个例子中，均令 $c = 0$。另外，令 $H(x) = hx$ 以及 $B(x) = bx$。对于每个例子，测试四个不同的需求均值：$E[D] = 10$，$20, 50, 100$，以及两个提前期的值：$L = 1, 2$；成本参数设置为 $K = 64$，$h = 1$，$b = 9$，这些参数与维诺特和瓦格纳（Veinott & Wagner，1965）、郑和费德格伦（Zheng & Federgruen，1991）、冯和肖（Feng & Xiao，2020）中的参数相同。针对超指数分布，令 $p = 0.5$，$\lambda_1 = 0.2$，$\lambda_2 = 0.5$。

对于指数分布需求，我们将 4.2 节的方法（基于数值优化的最速下降法，SDNO 方法）与费德格伦和兹普金（Federgruen & Zipkin，1985）所提的方法（FZ 方法）进行比较。尽管在理论上 FZ 方法也可以应用于服从于埃尔朗和超指数分布的需求，但这时其数值计算会变得相当复杂，因此，对于埃尔朗和超指数分布需求，我们将 SDNO 方法与穷举搜索所得到的结果进行比较。在穷举搜索当中，本节在定义域 $[\underline{s}, \overline{s}] \times [0, \overline{q}]$ 中以步长 $\Delta s = \Delta q = 0.05$ 去搜索评估式（2.16）和式（2.17）、式（4.14）和式（4.19）从而得到 $G(s, q)$ 的值（使用第 2 章所提的数值方法进行评估）。s 和 q 的上下界 $(\underline{s}, \overline{s}, \overline{q})$ 的值可以使用维诺特（Veinott，1966）所提方法计算得到。基于穷举搜索，可以确定使 $G(s, q)$ 最小的 (s^*, q^*)。

对于 SDNO 方法，在所有情况下，都使用麦克劳林级数的前 40 个系数。当然，如果使用更多的系数，本节所提方法的准确性可能进一步提高。本节使用 Python 优化包 Scipy 中的最速下降法来计算 (s, q) 的值。本节的数值算例都是在一台配备 2.10GHz AMD Ryzen 5 3500U 处理器和 8GB RAM 的笔记本电脑上运行的。数值结果展示在表 4.1～表 4.3 中。4.2 节的方法和 FZ 方法的运行时间相当，都在一两秒左右，而穷举搜索生成表中的任意一个结果均需大约 8000 秒。当然，如果穷举搜索使用效率更低的方式（比如仿真）来评估 $G(s, q)$，那么找到 (s, q) 的最优值甚至可能需要花费数个小时。如表 4.1 所示，对于指数分布需求，本节所提的方法和 FZ 方法给出了几乎相同的结果。表 4.2 和表 4.3 中的结果进一步表明，4.2 节的方法在埃尔朗和超指数分布需求的情况下也表现良好。

表 4.1　　　　　　指数分布需求 $k = 64$，$c^+ = 1$，$c^- = 9$

L	$E[D]$	$(\underline{s}, \overline{s}, \overline{q})$	SDNO 方法		FZ 方法	
			(s^*, q^*)	$G(s^*, q^*)$	(s^*, q^*)	$G(s^*, q^*)$
$L = 0$	10	(0.34, 23.03, 96.68)	(7.81, 35.78)	43.59	(7.81, 35.77)	43.59
	20	(10.25, 46.05, 119.50)	(20.83, 50.60)	71.42	(20.83, 50.60)	71.42

续表

L	$E[D]$	$(\underline{s},\bar{s},\bar{q})$	SDNO 方法		FZ 方法	
			(s^*,q^*)	$G(s^*,q^*)$	(s^*,q^*)	$G(s^*,q^*)$
$L=0$	50	(51.84，115.13，171.55)	(67.34，80.03)	147.35	(67.35，80.00)	147.35
	100	(134.99，230.26，234.39)	(154.59，113.18)	267.72	(154.58，113.14)	267.72
$L=1$	10	(10.87，38.90，104.05)	(21.37，38.61)	50.23	(21.35，38.63)	50.23
	20	(34.85，77.79，130.50)	(49.06，55.57)	85.69	(49.06，55.56)	85.69
	50	(120.4，194.49，190.04)	(140.62，89.49)	185.11	(140.64，89.45)	185.11
	100	(278.8，388.97，261.16)	(304.00，127.71)	345.03	(304.07，127.62)	345.03

表 4.2　　　　埃尔朗分布需求 $k=64$，$c^+=1$，$c^-=9$

L	$E[D]$	$(\underline{s},\bar{s},\bar{q})$	SDNO 方法		穷举搜索	
			(s^*,q^*)	$G(s^*,q^*)$	(s^*,q^*)	$G(s^*,q^*)$
$L=0$	10	(1.18，19.45，88.29)	(6.95，34.75)	39.18	(6.95，34.65)	39.18
	20	(10.87，38.90，104.05)	(17.94，48.09)	61.02	(17.95，48.05)	61.02
	50	(48.10，97.24，142.06)	(56.84，72.61)	116.82	(56.85，72.60)	116.82
	100	(120.42，194.49，190.04)	(129.81，97.76)	201.16	(129.80，97.80)	201.16

续表

L	$E[D]$	$(\underline{s}, \bar{s}, \bar{q})$	SDNO 方法		穷举搜索	
			(s^*, q^*)	$G(s^*, q^*)$	(s^*, q^*)	$G(s^*, q^*)$
$L=1$	10	(11.22, 33.40, 93.61)	(22.13, 31.10)	43.66	(22.00, 31.05)	43.67
	20	(33.18, 66.81, 112.44)	(42.75, 51.61)	69.82	(42.70, 51.95)	69.82
	50	(109.10, 167.02, 156.96)	(121.07, 81.20)	141.13	(121.05, 81.25)	141.13
	100	(247.69, 334.04, 212.16)	(263.09, 109.84)	252.22	(260.80, 112.15)	252.21

表 4.3 　　　　　超指分布需求 $k=64$, $c^+=1$, $c^-=9$

L	$E[D]$	$(\underline{s}, \bar{s}, \bar{q})$	SDNO 方法		穷举搜索	
			(s^*, q^*)	$G(s^*, q^*)$	(s^*, q^*)	$G(s^*, q^*)$
$L=0$	10	(−0.19, 24.09, 101.87)	(7.78, 36.86)	46.53	(7.80, 36.85)	46.53
	20	(8.95, 48.18, 129.40)	(21.10, 53.24)	78.39	(21.10, 53.25)	78.39
	50	(49.78, 120.44, 190.54)	(69.07, 86.75)	167.62	(69.05, 86.75)	167.62
	100	(133.69, 240.88, 262.98)	(159.25, 125.17)	311.13	(159.25, 125.15)	311.13
$L=1$	10	(10.23, 41.55, 111.36)	(22.28, 40.34)	55.23	(22.35, 40.35)	55.23
	20	(34.48, 83.09, 143.25)	(51.68, 59.19)	96.80	(51.75, 59.00)	96.80
	50	(123.28, 207.73, 212.97)	(149.93, 96.83)	215.64	(149.15, 97.30)	215.64
	100	(289.68, 415.47, 294.91)	(322.01, 143.93)	408.81	(323.15, 141.20)	408.80

4.3　基于 CBFGS 算法的数值优化

本节仍基于第 2 章中的数值算法，但是结合 CBFGS 算法来优化 (s, S) 库存系统中的参数，并通过数值实验来验证基于 CBFGS 算法的数值优化（基于数值优化的 CBFGS 方法，CNO 方法）在应用中的效果，同时与 4.2 节使用最速下降法的结果进行比较。

4.3.1　库存成本及其导数与 CBFGS 算法

由于 c 对 (s, q) 的最优值没有影响，为了简化表达式，在本小节中，令 $c = 0$，另外，不失一般性，令 $L = 0$。(s, S) 库存系统的总成本函数可以重写成为：

$$
\begin{aligned}
G(s,q) &= K\mathrm{E}\big[\delta(O)\big] + h\mathrm{E}[U] + b\mathrm{E}[V] \\
&= K\left(1 - \sum_{j=0}^{\infty}\frac{f^{(j)}(0)}{(j+1)!}\mathrm{E}\big[Y^{j+1}\big]\right) \\
&\quad + h\sum_{j=0}^{\infty}\frac{f^{(j)}(0)}{(j+2)!}\sum_{i=0}^{j+2}\frac{(j+2)!}{i!(j+2-i)!}s^{j+2-i}E\big[Y^i\big] \\
&\quad - b\Big\{\sum_{i=0}^{1}\sum_{j=0}^{1-i}\frac{s^j}{i!j!(1-i-j)!}E\big[(-D)^i\big]E\big[Y^{1-i-j}\big] \\
&\quad - \sum_{j=0}^{\infty}\frac{f^{(j)}(0)}{(j+2)!}\sum_{i=0}^{j+2}\frac{(j+2)!}{i!(j+2-i)!}s^{j+2-i}E\big[Y^i\big]\Big\}
\end{aligned}
\tag{4.21}
$$

$G(s,q)$ 关于 s 的一阶导数计算如下：

$$
\begin{aligned}
\frac{\partial G(s,q)}{\partial s} &= h\sum_{j=0}^{\infty}\frac{f^{(j)}(0)}{(j+2)!}\sum_{i=0}^{j+1}\frac{(j+2)!}{i!(j+1-i)!}s^{j+1-i}E\big[Y^i\big] \\
&\quad - b\Big\{\sum_{i=0}^{1}\sum_{j=0}^{1-i}\frac{s^{j-1}}{i!(j-1)!(1-i-j)!}E\big[(-D)^i\big]E\big[Y^{1-i-j}\big]
\end{aligned}
$$

$$- \sum_{j=0}^{\infty} \frac{f^{(j)}(0)}{(j+2)!} \sum_{i=0}^{j+1} \frac{(j+2)!}{i!(j+1-i)!} s^{j+1-i} E\left[Y^i\right] \Bigg\} \qquad (4.22)$$

$G(s,q)$ 关于 q 的一阶导数不能通过解析方法求得，只能使用导数的定义表达如下：

$$\frac{\partial G(s,q)}{\partial q} = \frac{G\left(s, q + \frac{\Delta q}{2}\right) - G\left(s, q - \frac{\Delta q}{2}\right)}{\Delta q} \qquad (4.23)$$

4.3.2 数值算例

本小节通过数值实验来测试基于 CBFGS 算法的数值优化的计算效果。考虑 $f(x)$ 的两种情况：（1）均值为 $1/\lambda$ 的指数分布，即 $f(x) = \lambda e^{-\lambda x}, x \geqslant 0$；（2）均值为 $2/\lambda$ 的 2 阶埃尔朗分布，即 $f(x) = \lambda^2 x e^{-\lambda x}$，$x \geqslant 0$。本小节还将 4.3 节的方法与 4.2 节的方法进行比较。对于 (K, h, b)，设置 4 组值，分别为：$(1,1,1)$、$(2,1,1)$、$(1,2,1)$、$(1,1,2)$。对于 λ，设置 3 个值，分别为：0.05、0.1、0.2。对于 h，设置 2 个值，分别为：0.00001 和 0.000001。另外，设置最大循环迭代次数为 1000 次，即当程序迭代了 1000 次后，如果依然没有达到指定的精度，那么强制停止程序，输出当前的结果。再令 $\beta_1 = 0.01$，$\beta_2 = 0.6$。另外，对每一组算例，均随机选取了 6 组不同的初始点。

1. 指数分布需求

由表 4.4 和表 4.5 可知，在 $K = 1$，$h = 1$，$b = 1$ 时，无论 λ 取 0.05、0.1 还是 0.2，也无论初始点的值如何选择，基于 CBFGS 和最速下降法的两种方法最终得到的 (s^*, q^*) 和 $G(s^*, q^*)$ 都是一样的。再分析两种方法的迭代次数，对表 4.4 和表 4.5 进行横向比较，可以发现 CNO 方法得到最优值的迭代次数远小于 SDNO 方法的迭代次数。使用 CNO 方法得到最优值的迭代次数都在 20 次以内，运行时间在 1 秒左右，而 SDNO 方法的迭代次数远在 20 次以上。可见 CNO 方法的计算效率好于 SDNO 方法的计算效率。再对表 4.4 和表 4.5 进行纵向比较，可以发现随着 ϵ 的减小（精确度的增加），CNO 方法得到最优值的迭代次数几乎不变或者增加量很小，但 SDNO 方法得到最优值的迭代次数却有大幅度增加。可见当对精确度要求很高时，CNO 方法的适用性强于 SDNO 方法。

表 4.4　　　　　　　CNO 方法与 SDNO 方法的结果对比

（指数分布，$K=1$，$h=1$，$b=1$，$\epsilon=0.00001$）

λ	初始点		CNO 方法				SDNO 方法			
	s	q	s^*	q^*	$G(s^*,q^*)$	迭代	s^*	q^*	$G(s^*,q^*)$	迭代
0.05	0	0	8.368	6.325	14.6921	7	8.367	6.325	14.6921	42
	1	1	8.368	6.325	14.6921	7	8.367	6.325	14.6921	40
	15	5	8.368	6.325	14.6921	10	8.368	6.324	14.6921	48
	15	20	8.367	6.325	14.6921	12	8.367	6.326	14.6921	48
	30	30	8.368	6.325	14.6921	12	8.366	6.326	14.6921	47
	8.2	5.5	8.369	6.323	14.6921	7	8.368	6.324	14.6921	34
0.1	0	0	3.235	4.472	7.7072	7	3.235	4.472	7.7072	28
	1	1	3.235	4.472	7.7072	8	3.235	4.472	7.7072	30
	15	5	3.235	4.472	7.7072	10	3.235	4.472	7.7072	39
	15	20	3.235	4.472	7.7072	10	3.235	4.473	7.7072	38
	30	30	3.235	4.472	7.7072	12	3.235	4.472	7.7072	40
	8.2	5.5	3.235	4.472	7.7072	9	3.235	4.472	7.7072	35
0.2	0	0	1.015	3.162	4.1776	7	1.015	3.162	4.1776	21
	1	1	1.015	3.162	4.1776	8	1.015	3.162	4.1776	27
	15	5	1.015	3.162	4.1776	12	1.015	3.162	4.1776	29

续表

λ	初始点		CNO 方法				SDNO 方法			
	s	q	s^*	q^*	$G(s^*,q^*)$	迭代	s^*	q^*	$G(s^*,q^*)$	迭代
	15	20	1.015	3.162	4.1776	14	1.015	3.162	4.1776	31
0.2	30	30	1.015	3.162	4.1776	16	1.015	3.162	4.1776	34
	8.2	5.5	1.015	3.162	4.1776	10	1.015	3.162	4.1776	27

表 4.5　　　　CNO 方法与 SDNO 方法的结果对比

（指数分布，$K=1$，$h=1$，$b=1$，$\epsilon=0.000001$）

λ	初始点		CNO 方法				SDNO 方法			
	s	q	s^*	q^*	$G(s^*,q^*)$	迭代	s^*	q^*	$G(s^*,q^*)$	迭代
	0	0	8.368	6.325	14.6921	7	8.367	6.325	14.6921	54
	1	1	8.368	6.325	14.6921	7	8.367	6.325	14.6921	54
	15	5	8.368	6.325	14.6921	10	8.368	6.324	14.6921	60
0.05	15	20	8.368	6.325	14.6921	14	8.367	6.325	14.6921	63
	30	30	8.368	6.325	14.6921	13	8.367	6.325	14.6921	61
	8.2	5.5	8.368	6.325	14.6921	8	8.368	6.324	14.6921	46
	0	0	3.235	4.472	7.7072	7	3.235	4.472	7.7072	40
	1	1	3.235	4.472	7.7072	9	3.235	4.472	7.7072	45
	15	5	3.235	4.472	7.7072	10	3.235	4.472	7.7072	59
0.1	15	20	3.235	4.472	7.7072	10	3.235	4.472	7.7072	47
	30	30	3.235	4.472	7.7072	14	3.235	4.472	7.7072	49
	8.2	5.5	3.235	4.472	7.7072	10	3.235	4.472	7.7072	61
	0	0	1.015	3.162	4.1776	7	1.015	3.162	4.1776	63
	1	1	1.015	3.162	4.1776	8	1.015	3.162	4.1776	46
	15	5	1.015	3.162	4.1776	12	1.015	3.162	4.1776	55
0.2	15	20	1.015	3.162	4.1776	14	1.015	3.162	4.1776	40
	30	30	1.015	3.162	4.1776	17	1.015	3.162	4.1776	43
	8.2	5.5	1.015	3.162	4.1776	12	1.015	3.162	4.1776	45

以上仅分析了 $K=1$，$h=1$，$b=1$ 时的情况，下面再对（K, h, b）的其他取值情况进行分析。在（K, h, b）取（2, 1, 1）、（1, 2, 1）和（1, 1, 2）时，对每种情况下选取不同初始值所得到的结果做均值处理，结果如表 4.6 所示。可见，与 $K=1$，$h=1$，$b=1$ 时的结果一样，无论 λ 取何值，两种方法所得到的（s^*, q^*）和 $G(s^*, q^*)$ 几乎相同。

表 4.6　　CNO 方法与 SDNO 方法的结果对比（指数分布，其他情况）

（K, h, b）	λ	CNO 方法			SDNO 方法		
		s^*	q^*	$G(s^*, q^*)$	s^*	q^*	$G(s^*, q^*)$
（2, 1, 1）	0.05	6.470	8.944	15.4144	6.470	8.944	15.4144
	0.1	2.031	6.325	8.3552	2.031	6.325	8.3552
	0.2	0.271	4.472	4.7433	0.271	4.472	4.7433
（1, 2, 1）	0.05	4.073	4.472	17.0908	4.073	4.472	17.0908
	0.1	1.307	3.162	8.9385	1.307	3.162	8.9385
	0.2	0.179	2.236	4.8304	0.179	2.236	4.8304
（1, 1, 2）	0.05	16.477	6.325	22.8014	16.476	6.325	22.8014
	0.1	7.290	4.472	11.7619	7.290	4.472	11.7619
	0.2	3.043	3.162	6.2049	3.043	3.162	6.2049

最后，对（K, h, b）其他情况下两种方法的迭代次数进行比较，由表 4.7 可知，当 $\epsilon = 0.00001$ 时，无论在哪种情况下，CNO 方法的迭代次数都比 SDNO 方法的迭代次数少，且差距不小。

表 4.7　　CNO 方法与 SDNO 方法的迭代次数对比

（指数分布，$\epsilon = 0.00001$）

λ	初始点		（2, 1, 1）		（1, 2, 1）		（1, 1, 2）	
	s	q	CNO	SDNO	CNO	SDNO	CNO	SDNO
0.05	0	0	6	29	7	40	11	47
	1	1	7	29	10	44	9	47

λ	初始点		(2, 1, 1)		(1, 2, 1)		(1, 1, 2)	
	s	q	CNO	SDNO	CNO	SDNO	CNO	SDNO
0.05	15	5	9	37	10	73	7	20
	15	20	12	35	12	65	9	44
	30	30	11	35	11	65	12	45
	8.2	5.5	8	32	8	61	9	47
0.1	0	0	7	21	8	45	10	33
	1	1	7	24	8	47	9	32
	15	5	10	25	12	55	10	36
	15	20	11	22	11	50	14	36
	30	30	10	24	15	52	12	39
	8.2	5.5	8	28	12	47	8	25
0.2	0	0	9	18	7	37	7	20
	1	1	7	18	6	38	7	15
	15	5	11	17	13	37	11	30
	15	20	12	16	13	46	12	28
	30	30	14	23	14	51	15	34
	8.2	5.5	11	19	12	34	11	24

由表 4.8 可知，当 $\epsilon = 0.000001$ 时，CNO 方法的迭代次数都比 SDNO 方法的迭代次数少，而且在某些情况下，SDNO 方法因无法在 1000 次迭代内达到指定的精度而被强制退出循环。当 $K = 1$，$h = 1$，$b = 2$，$\lambda = 0.2$ 时，CNO 方法的迭代次数为空，原因是初始值为（0，0）时，CNO 方法在计算搜索方向 $\mathbf{d}_k$ 时，$\mathbf{B}_k$ 变成了奇异矩阵，使算法迭代无法继续。这是 CBFGS 的一个缺点，该算法对初始点有一定的条件要求，因为有的初始点可能会使 $\mathbf{B}_k$ 成为奇异矩阵。

表 4.8　　　　　CNO 方法与 SDNO 方法的迭代次数对比

（指数分布，$\epsilon = 0.000001$）

λ	初始点		(2, 1, 1)		(1, 2, 1)		(1, 1, 2)	
	s	q	CNO	SDNO	CNO	SDNO	CNO	SDNO
0.05	0	0	6	39	9	82	11	61
	1	1	8	38	11	114	11	61
	15	5	10	46	12	139	7	34
	15	20	12	43	12	82	10	55
	30	30	11	43	11	82	13	57
	8.2	5.5	9	42	8	102	9	59
0.1	0	0	9	26	8	94	12	43
	1	1	7	29	10	99	9	41
	15	5	12	32	14	111	10	66
	15	20	13	38	11	63	14	45
	30	30	11	35	15	86	13	43
	8.2	5.5	10	35	13	96	8	35
0.2	0	0	10	38	7	1000	—	26
	1	1	7	30	8	1000	7	1000
	15	5	12	21	13	1000	11	50
	15	20	14	32	13	1000	14	56
	30	30	16	43	14	1000	16	40
	8.2	5.5	11	36	13	1000	12	48

2. 埃尔朗分布需求

　　与表 4.6 类似，表 4.9 也对每种情况下选取不同初始值所得到的结果做均值处理。由表 4.6 可知，无论（K，h，b）和 λ 取何值，两种方法所得到的（s^*，q^*）和 $G(s^*, q^*)$ 仍几乎相同，得到的结论与指数分布需求下的一致。

表4.9　　CNO 方法与 SDNO 方法的结果对比（埃尔朗分布）

(K, h, b)	λ	CNO 方法			SDNO 方法		
		s^*	q^*	$G(s^*,q^*)$	s^*	q^*	$G(s^*,q^*)$
(1, 1, 1)	0.05	25.887	7.999	22.0030	25.884	8.002	22.0030
	0.1	11.466	5.723	11.4606	11.465	5.723	11.4606
	0.2	4.748	4.136	6.1599	4.748	4.136	6.1599
(2, 1, 1)	0.05	22.931	11.445	22.9211	22.930	11.447	22.9211
	0.1	9.496	8.273	12.3198	9.496	8.273	12.3198
	0.2	3.465	6.053	6.9321	3.465	6.053	6.9321
(1, 2, 1)	0.05	17.797	6.130	26.8085	17.795	6.132	26.8085
	0.1	7.697	4.386	13.8777	7.697	4.387	13.8777
	0.2	3.020	3.169	7.3912	3.020	3.169	7.3912
(1, 1, 2)	0.05	38.556	7.505	32.8380	38.554	7.507	32.8380
	0.1	17.903	5.341	16.8821	17.904	5.341	16.8821
	0.2	8.044	3.836	8.8775	8.043	3.836	8.8775

由表4.10 可知，在埃尔朗分布需求的情况下，CNO 方法的迭代次数依然比 SDNO 方法的迭代次数少。不过，从表中可以看出，不管是 CNO 方法，还是 SDNO 方法，都有一些无法计算的情况。

表4.10　　CNO 方法与 SDNO 方法的迭代次数对比（埃尔朗分布）

λ	初始点		(1, 1, 1)		(2, 1, 1)		(1, 2, 1)		(1, 1, 2)	
	s	q	CNO	SDNO	CNO	SDNO	CNO	SDNO	CNO	SDNO
0.05	0	0	9	100	9	75	11	180	9	16
	1	1	9	93	11	76	10	183	9	16
	15	5	10	84	7	58	9	144	12	15
	15	20	9	96	7	76	10	188	9	24
	30	30	10	123	9	76	12	192	11	15
	8.2	5.5	11	96	10	72	9	177	12	8

λ	初始点		(1, 1, 1)		(2, 1, 1)		(1, 2, 1)		(1, 1, 2)	
	s	q	CNO	SDNO	CNO	SDNO	CNO	SDNO	CNO	SDNO
0.1	0	0	9	75	8	42	9	111	10	29
	1	1	8	73	7	41	11	112	9	45
	15	5	10	77	9	49	11	142	9	29
	15	20	10	82	10	54	11	119	8	45
	30	30	9	81	9	52	—	—	12	58
	8.2	5.5	8	72	7	44	7	88	9	54
0.2	0	0	9	42	10	33	9	40	8	57
	1	1	8	42	7	32	7	50	10	44
	15	5	16	—	12	—	—	—	10	51
	15	20	—	—	—	—	—	—	11	61
	30	30	—	—	—	—	—	—	—	—
	8.2	5.5	9	46	8	38	9	71	8	50

4.4　本章小结

　　本章基于第 2 章所提的数值方法，结合最速下降法、拟牛顿法等梯度方法，提出了一种简单高效的基于梯度的数值优化方法，用于计算具有连续需求的定期盘点库存系统的 (s, S) 策略。首先，本章使用第 2 章的数值方法，计算 (s, S) 库存系统的库存成本及其导数；然后将它们用到基于梯度的算法中，优化 s 和 S 的值。数值实验表明，该方法非常有效和快速。尽管基于梯度的算法不能保证找到系统的全局最小值，但它至少可以找到局部最小值，而且还可以与其他方法结合使用实现全局优化。

第 5 章　基于多精度模型和粒子群算法的 (s, S) 库存系统优化

对于一般化的 (s, S) 库存策略优化，目前往往采用仿真与启发式算法相结合的方法，计算效率较低。本章基于次序变换和优化抽样的多精度优化方法，通过引入多精度模型，研究一类需求时序相关的 (s, S) 库存系统的策略优化问题，提出两种改进型粒子群优化算法求解该类问题，上述算法具有收敛速度快、易实施、精度高等优点。数值算例结果表明：相较于一般的粒子群优化算法，本章所提算法由于使用了多精度模型和基于次序变换和优化抽样的多精度优化（multi-fidelity optimization with ordinal transformation and optimal sampling，MO²TOS）方法，具有明显更高的计算效率。

5.1　粒子群优化算法

5.1.1　粒子群优化算法的基本思想

粒子群优化算法（partical swarm optimization，PSO）是肯尼迪和

埃伯哈特（Kennedy & Eberhart）受鸟群觅食行为启发，于 1995 年所提出的，是一种典型的群体智能优化算法。该算法不是从一个解（点）出发去找寻最优解，而是先生成一群初始解（点），然后在搜索空间的潜在解（点）的总体上工作，利用群中个体之间的交互作用进行解的优化迭代。当处理复杂的优化问题时，通过潜在解决方案之间的合作与竞争，往往可以更快地找到最优解。粒子群优化算法是一种能够优化非线性和多维问题的算法，非常适合高维度系统的优化。

　　粒子群优化算法建立在模拟鸟群社会的基础上，其基本思想是通过群体中个体之间的协作和信息共享来寻找最优解。在粒子群优化算法中，鸟被抽象为没有质量和体积的粒子，仅具有两个属性：速度和位置。每个粒子会根据自己的经验和同伴的经验来调整自己下一步的行动。其中，每个粒子都被看作 D 维空间中的一个点，也是目标函数的一个候选解。第 i 个粒子的位置表示为 $\mathbf{x}_i = (x_{i1}, x_{i2}, \cdots, x_{iD})$，其中 $x_{id} \in [x_{\min,d}, x_{\max,d}]$，$d = 1, 2, \cdots, D$，$x_{\min,d}$ 和 $x_{\max,d}$ 分别是第 d 维搜索空间的下界和上界。第 i 个粒子的速度表示为 $\mathbf{v}_i = (v_{i1}, v_{i2}, \cdots, v_{iD})$，其中 $v_{id} \in [v_{\min,d}, v_{\max,d}]$，$d = 1, 2, \cdots, D$，$v_{\min,d}$ 和 $v_{\max,d}$ 分别是第 d 维速度的下界和上界。粒子的性能由研究问题的目标函数的适应度值决定，它们不仅知道自己目前所在的位置，而且知道在所有迭代过程中自己曾找到的最优位置（即个体最优解），我们把第 i 个粒子找到的最优位置记为 pbest$_i$。此外，每个粒子都会和其他粒子分享自己的信息，因此，它们还知道到目前为止，整个种群发现的全局最佳位置（即全局最优解），我们把它记为 gbest（gbest 是一组 pbest 中的最优解）。粒子群中的所有粒子都有学习能力和信息交换能力，会根据自己找到的当前个体最优解和整个粒子群共享的当前全局最优解来调整自己的速度和位置。在算法的每次迭代中，获得粒子第 d 维上的新速度和新位置的公式如下：

$$v_{id}(t+1) = v_{id}(t) + c_1 \cdot rand() \cdot (pbest_{id}(t) - x_{id}(t))$$
$$+ c_2 \cdot rand() \cdot (gbest_d(t) - x_{id}(t)) \qquad (5.1)$$
$$x_{id}(t+1) = x_{id}(t) + v_{id}(t+1) \qquad (5.2)$$

其中，i 表示第 i 个粒子，$i = 1$，2，3，…，N，N 为粒子群中的粒子总数。d 表示粒子的第 d 个维度，$d = 1$，2，3，…，D，D 为搜索空间的总维度。t 表示当前的迭代次数。c_1 和 c_2 是学习因子，$rand()$ 表示（0，1）之间的随机数。$v_{id}(t)$ 表示在第 t 次迭代，第 i 个粒子在第 d 维上的速度。$x_{id}(t)$ 表示第 t 次迭代，第 i 个粒子在第 d 维上的位置。$pbest_{id}(t)$ 表示到第 t 次迭代为止，第 i 个粒子自身找到的最优解在第 d 维上的位置，$pbest_i = (pbest_{i1}, pbest_{i2}, …, pbest_{iD})$，表示到目前为止第 i 个粒子自身找到的最优解位置。$gbest_d(t)$ 表示到第 t 次迭代为止，整个种群找到的最优解在第 d 维上的位置，$gbest = (gbest_1, gbest_2, …, gbest_D)$，表示到目前为止整个种群找到的最优解的位置。

式（5.1）的右边由三个部分组成。第一部分是更新前粒子的速度信息；第二部分被称为"认知"模型（cognition model），通过对自身历史最优信息的学习使粒子具备较强的局部搜索能力；第三部分被称为"社会"模型（social model），代表着粒子受到整个种群历史最优信息的影响，体现了粒子间的协作和信息共享。这三个部分联合起来共同决定粒子搜寻最优解的能力。粒子群优化算法的实现流程图如图 5.1 所示。

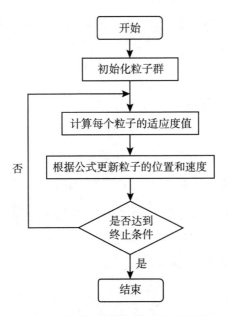

图 5.1　粒子群优化算法实现流程

5.1.2　惯性权重

惯性权重在粒子群优化算法中起着重要的作用，它通过调节粒子的速度，达到调节解空间的搜索范围的目的。惯性权重值越大，越有利于粒子的全局勘探，惯性权重值越小，越有利于粒子的局部挖掘，它的大小起到了平衡全局搜索和局部搜索的作用。用符号 w 表示惯性权重，把它加入粒子群优化算法中，式（5.1）就变成了：

$$v_{id}(t+1) = w \cdot v_{id}(t) + c_1 \cdot rand() \cdot (pbest_{id}(t) - x_{id}(t))$$
$$+ c_2 \cdot rand() \cdot (gbest_d(t) - x_{id}(t)) \tag{5.3}$$

因惯性权重的重要性，很多学者都对此进行了研究，也提出了各种方法确定惯性权重的值。在本章中，惯性权重 w 采取线性减小的方式赋值：

$$w = w_{\min} + (w_{\max} - w_{\min}) \cdot (T - t)/T \tag{5.4}$$

105

其中，w_{min} 是 w 的预设最小值，w_{max} 是 w 的预设最大值，T 是最大迭代次数，t 是当前迭代次数。

5.1.3　终止条件

　　一般情况下，对于粒子群优化算法设定的终止条件有两种类型。一个是设定最大迭代次数，即当程序循环达到了设定的次数就停止运行；另一个是设定精度，即代数之间的最优解数值差满足阈值时就停止运行。本章采用精度目标与迭代次数目标相结合的方式来决定终止条件，其中精度的计算公式为：

$$\varepsilon = \frac{y_{i-1} - y_i}{y_{i-1}} \tag{5.5}$$

其中，y_i 是在第 i 次迭代时得到的最优值，y_{i-1} 是在第 $i-1$ 次迭代时得到的最优值。当连续一定的次数，精度都小于某个阈值，那么算法迭代停止。另外，设定最大迭代次数，即当算法迭代到了最大次数就停止运行。

5.2　基于次序变换和优化抽样的多精度优化方法

　　基于次序变换和优化抽样的多精度优化（MO^2TOS）方法是由徐建强等（Xu et al.，2014a，2014b）提出来的，该方法由次序变换（ordinal transformation，OT）和优化抽样（optimal sampling，OS）两部分组成。OT 方法先利用低精度模型对所有的解进行评估得到每个解的适应度值，然后根据适应度值的大小进行从小到大排序，将原解空间转换为一维有序空间。OS 是由某种计算量分配方法，确定每个组应被分配到的抽样数目，反复使用 OS，直到计算量预算用完为止。MO^{2}TOS 方法流程如图 5.2 所示。

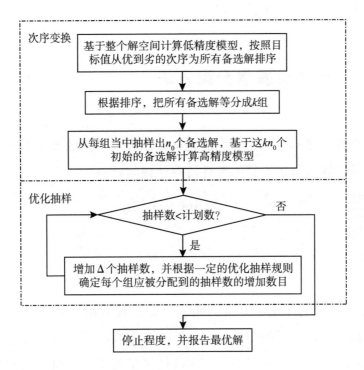

图 5.2　MO^{2}TOS 方法流程

用 MO^{2}TOS 方法挑选粒子群时，在次序变换阶段，先基于所有的备选解计算低精度模型的适应度值，按照适应度值从小到大的次序为这些备选解排序（以库存成本最小为目标，故适应度值越小越好）。接着，根据排序把这些备选解分成 k 组，并从每组当中抽样出 n_0 个备选解，从而得到 kn_0 个初始的备选解。然后进入优化抽样阶段，只要备选解的数量小于 N（N 为设定的粒子群中的粒子数量），就增加 Δ 个抽样数，并根据一定的优化抽样规则确定每个组应被分配到的抽样数的增加数目，直至备选解（粒子）的数量达到 N 为止。其中的优化抽样规则多种选择，比如陈俊宏等（Chen et al. ，2000）所提出的最优计算量分配（optimal computing budget allocation，OCBA）方法，朱晨波等（Zhu et al.，2016）所提出的 OCBA 的改进版本等，这些方法将在下面两个小节中做介绍。

5.3　最优计算量分配方法

最优计算量分配方法考虑的是从 k 个表现未知的解决方案中，通过仿真抽样找到最优方案的统计排序选择问题：

$$[1] = \arg \max_{i=1,2,\cdots,k} \mu_i$$

其中

$$\mu_i = E[Y_i]\,,Y_i = g_i(X_i)\,,i = 1,2,\cdots,k$$

g_i，X_i，Y_i 分别为第 i 个方案的响应函数、输入随机向量、输出随机变量。由于仿真抽样的随机性，我们不可能在有限仿真资源下准确找到最优系统，因此需要引入如下正确选择最优系统的概率来度量统计排序选择算法的效率：

$$\text{PCS} = \text{P}([1]_T = [1] \mid \theta)$$

其中，θ 包含方案分布中的所有未知参数，T 为总的计算资源。在计算资源有限的前提下，我们需要解决如下的优化问题：

$$[1]_T = \arg \max_{i=1,2,\cdots,k} \mu_i$$

$$\text{s. t.}\, \mu_i = \frac{1}{N_i} \sum_{j=1,2,\cdots,N_i} Y_{ij}$$

$$\sum_{i=1,2,\cdots,k} N_i = T$$

其中，N_i 为方案 i 所分配到的计算资源的数量，$Y_{ij}(j = 1,2,\cdots,N_i)$ 为

对方案 i 的 N_i 次独立同分布的仿真抽样。

统计选择问题中通常假设方案目标值的输出服从正态分布。当方案目标值的输出不服从正态分布时可以先做分组平均，根据中心极限定理，每个分组平均可以近似看成服从正态分布。在 k 个方案目标值的输出分布服从独立正态分布的假设下，陈俊宏等（Chen et al.，2000）得到了如下计算资源的优化分配公式：

$$\frac{N_i}{N_j} = \left(\frac{\sigma_i \ / \ \delta_{[1],i}}{\sigma_j \ / \ \delta_{[1],j}} \right)^2, i,j \in \{1,2,\cdots,k\}, i \neq j \neq [1] \qquad (5.6)$$

$$N_{[1]} = \sigma_{[1]} \sqrt{\sum_{i=1,i\neq[1]}^{k} \frac{N_i^2}{\sigma_i^2}} \qquad (5.7)$$

其中，[1] 为迄今采样到的样本方案中目标值均值最佳的那个方案的标号。N_j 为分配给方案 j 的计算量，$\delta_{j1,j2}$ 和 σ_j^2 定义如下：

$$\delta_{j1,j2} = E\left[\frac{1}{n} \sum_{i=(j_1-1)_{n+1}}^{j_{1n}} f(X_i) - \frac{1}{n} \sum_{i=(j_2-1)_{n+1}}^{j_{2n}} f(X_i) \right]$$

$$\sigma_j^2 = E\left[\frac{1}{n-1} \sum_{i=(j-1)_{n+1}}^{j_n} (f(X_i) - \overline{f}_j)^2 \right]$$

由式（5.6）可见，方案被分配到计算资源的比例与方案目标值输出分布的方差成正比，与方案目标值输出分布的均值减去最优方案目标值输出分布的均值所得到的差值的平方成反比。该分配比例很好地反映了方案目标值输出均值与方差的权衡。我们用图 5.3 直观地描绘这一权衡。粗略地讲，均值与方差越大的方案被分配到计算资源的比例越高。图 5.3 中第一个方案的均值最大，第三个方案的方差最大，根据最优计算量分配方法，它们将被分配更多的计算资源。式（5.6）与式（5.7）给出的计算量分配方案近似地极大化正确选择最优方案的概率。格林和朱内贾（Glynn & Juneja，2004）进一步证明了最优计算量分配方法给出的计算量分配比例是错误选择概率下降的近似渐进最优方向。本章在 MO²TOS 方法当中使用的就是该版本的最优计算量分配方法。

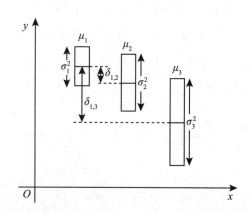

图5.3　方案目标值输出均值与方差对最优选择的影响示意

5.4　权衡搜索与估计的最优计算量分配方法

本节基于一般化的随机搜索框架，在假设目标抽样和随机误差均服从正态分布的前提下，近似地推导出了一个解析公式；在随机搜索的每一个步骤中，通过该公式，可以确定最优的备选方案产生数目以及每个备选方案的最优仿真次数。本节还设计了一个迭代方法，使得该公式可以被运用到具体的仿真优化算法中；与其他传统的方法相比，针对不同的优化问题，即使目标抽样并不服从正态分布，该迭代方法均能找到明显更好的最终方案，且方法的鲁棒性也更强。

5.4.1　随机仿真优化问题描述

考虑下述问题：$min_{x \in X} J(x) = E_{\xi}[L(x;\xi)]$，其中 X 是可行解空

间，ξ 表示系统中的不确定因素。$J(x)$ 是 x 的目标函数的解，即：目标函数抽样的均值 L。假设 $L(x;\xi)$ 只能通过仿真得到。为了简单起见，定义 $l_j(x) = L(x;\xi_j)$，即为 x 当中第 j 个抽样，其中 ξ_j 是 x 中 ξ 的第 j 个抽样。为了估计给定方案的目标函数值，我们需要跑 n 个仿真循环，通过估计抽样均值 $\tilde{J}(x) = \sum\limits_{j=1}^{n} L_j(x)/n$，我们可以得到 $E[L(x;\xi)]$，其中 n 是独立仿真循环的次数，并且所有方案都跑同样的循环次数，我们假设抽样是独立的。进一步地，我们假设 $L_j(x)$ 服从正态分布，即 $L_j(x) \sim N(J(x),\sigma^2(x))$，其中 $\sigma^2(x)$ 是方案 x 的方差。最后不失一般性，我们假设 $\sigma^2(x) = \sigma_{\omega o}^2$。当 n 增大时，$\tilde{J}(x)$ 会是 $J(x)$ 更精确的一个估计。

我们假设 $J(x)$ 中没有更多的函数结构信息，当系统很复杂的时候这往往是成立的。计算量是给定的，记为 T。这样就能算出备选方案的数量为 $k = \text{T}/n$。为了简单起见，我们把 k 和 n 当作正实数处理。任何一种随机搜索算法总是随机地从 X 中抽样 k 个备选方案 x_i，$i = 1$，$\cdots$，k，并且为每个方案跑 n 个循环的仿真。因为 x_i 是随机抽样的，所以 $J(x_i)$ 的数值也是随机的。我们令 $\tilde{J} = J + \omega$，仿真误差 ω 将服从均值为 0、方差为 $\sigma_{\omega o}^2/n$ 的正态分布，然后选择 $\tilde{J}(x)$ 值最小的方案作为最优方案。因为存在仿真误差，我们可能并不能找到真正最小的 J。因此，一个合理的目标就是寻找最优的计算量分配决策 (k, n) 以最小化最优观测方案的期望最优真实目标函数值。我们考虑如下问题：

$$\min_{k,n} E[J_{\tilde{i},k}], \text{s. t. } kn = T \qquad (5.8)$$

其中 $J_{\tilde{i},k}$ 代表 k 个抽样出来的方案中最优方案的真实目标函数值。如果没有 J 的分布信息，这个问题是很难解决的。为了能够分析该问题，我们假设 J 服从正态分布。对于 J 的正态分布假设并不是指其函数图形是单峰或者钟形的。为了更好地解释这个假设，我们考虑二维 Rastrigin 函数，这是一个多峰函数，如图 5.4 所示，我们从其解空间中随机抽取 10000 个解方案，然后把这些解方案画成直方图的形式见图 5.5，由图 5.5 可以很清楚地看到这些随机抽样的解近似地服从正态分布。因为我们假设 $\sigma^2(x) = \sigma_{\omega o}^2$，对于所有的 x，误差 ω 都有相同的分布，因此 J 和 ω 是相互独立的。

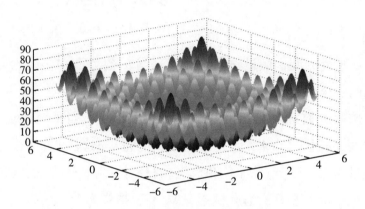

图 5.4　二维 Rastrigin 函数的形状

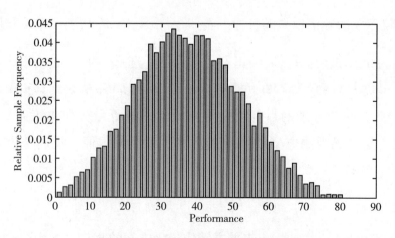

图 5.5　10000 个解方案的直方图

我们把假设小结如下：（1）真实的目标函数值 J 服从均值为 μ_j、标准差为 σ_j 的正态分布；（2）误差 ω 服从均值为 0、标准差为 $\sigma_\omega = \sigma_{\omega_0}/\sqrt{n}$ 的正态分布；（3）J 和 ω 相互独立。其他要用到的符号有：$\tilde{J}_{1,k}$ 表示 k 个随机抽样出来的备选方案中被选为最优方案的期望观测目标函数值；$z_{1,k}$ 表示 k 个标准正态分布随机变量的第一顺序统计量；$\phi(\cdot)$ 表示标准正态分布的概率密度函数；$\Phi(\cdot)$ 表示标准正态分布的累积分布函数。

5.4.2　模型构建

基于 5.4.1 节的假设，n 个 $i.i.d.$ 的仿真抽样 $\tilde{J}$ 的均值同样服从正态分布：$\tilde{J} = J + \omega \sim N(\mu_J, \ \sigma_J^2 + \sigma_\omega^2) = N(\mu_J, \ \sigma_J^2 + \sigma_{\omega_0}^2/n)$。从而我们可以得到：

$$f(J = u \mid \tilde{J} = v) = \frac{\sqrt{\sigma_J^2 + \sigma_\omega^2}}{\sqrt{2\pi}\,\sigma_J\sigma_\omega}\exp\left[-\frac{\sigma_J^2 + \sigma_\omega^2}{2\sigma_J^2\sigma_\omega^2}\left(u - \frac{\sigma_J^2 v + \sigma_\omega^2\mu_J}{\sigma_J^2 + \sigma_\omega^2}\right)^2\right]$$

因此，给定抽样均值 $\tilde{J} = v$，真实目标函数的条件均值可以表达为：

$$E\left[J \mid \tilde{J} = v\right] = \int u f(J = u \mid \tilde{J} = v)\,\mathrm{d}u = \frac{\sigma_J^2}{\sigma_J^2 + \sigma_\omega^2}(v - \mu_J) + \mu_J$$

令 D 为备选方案的集合。由于

$$f(J_i = u \mid \tilde{J}_i = v, \tilde{J}_j > v, \forall j \in D\backslash\{i\})$$

$$= \frac{f(\tilde{J}_i = v, \tilde{J}_j > v, \forall j \in D\backslash\{i\} \mid J_i = u)f(J_i = u)}{f(\tilde{J}_i = v, \tilde{J}_j > v, \forall j \in D\backslash\{i\})}$$

$$= \frac{f(\tilde{J}_i = v \mid J_i = u)f(J_i = u)f(\tilde{J}_j > v, \forall j \in D\backslash\{i\})}{f(\tilde{J}_i = v)f(\tilde{J}_j > v, \forall j \in D\backslash\{i\})}$$

$$= f(J_i = u \mid \tilde{J}_i = v)$$

这表明 $E\left[J_{\tilde{i},k} \mid \tilde{J}_{\tilde{i},k} = v\right] = E\left[J \mid \tilde{J} = v\right]$。因此，最优的观测方案的期望

真实目标函数值可以表示为：$E\left[J_{\tilde{i},k}\right] = E_{\tilde{J}_{\tilde{i},k}}\{E\left[J_{\tilde{i},k} \mid \tilde{J}_{\tilde{i},k} = v\right]\} = $

$\frac{\sigma_J^2}{\sigma_J^2 + \sigma_\omega^2}(E\left[J_{\tilde{i},k}\right] - \mu_J) + \mu_J$。因为 $E\left[\tilde{J}_{\tilde{i},k}\right] - \mu_J = \sqrt{\sigma_J^2 + \sigma_\omega^2}E\left[z_{1,k}\right]$，所

以当真实的目标函数抽样和误差均服从正态分布时，式（5.8）可以写成：

$$\min_{k,n} E\left[J_{\tilde{i},k}\right] = \frac{\sigma_J}{\sqrt{1 + \frac{\sigma_{\omega_0}^2}{n\sigma_J^2}}}E\left[z_{1,k}\right] + \mu_J \tag{5.9}$$

$$\text{s. t. } kn = T$$

但是，$E\left[z_{1,k}\right]$ 不存在解析形式，所以式（5.9）所描述的问题并没有解析解。我们的目标是得到一个具有解析形式的（近似）最优解，以便能在仿真优化算法中权衡搜索与估计之间的关系。为了实现这个目标，我们找到了 $E\left[z_{1,k}\right]$ 非常好的一个近似方程，然后使用这个近似方程来得到一个具有解析形式的最优解。

使用 $z_{1,k}$ 的概率密度函数，可以得到：

$$E\left[z_{1,k}\right] = \int_{-\infty}^{+\infty} xk\left[1 - \Phi(x)\right]^{k+1}\phi(x)\mathrm{d}x \tag{5.10}$$

令 $y = \Phi(x)$，那么式（5.10）可以被重写为

$$E\left[z_{1,k}\right] = k\int_0^1 \Phi^{-1}(y)(1-y)^{k-1}\mathrm{d}y$$

令 $G(k) = \int_0^1 \Phi^{-1}(y)(1-y)^{k-1}\mathrm{d}y$，那么我们有：

$$G(k) = \sqrt{2}\int_0^1 erf^{-1}(2y-1)(1-y)^{k-1}\mathrm{d}y$$

$$= \sqrt{2}\int_0^1 erf^{-1}(1-2u)u^{k-1}\mathrm{d}u$$

其中 $u = 1 - y$。使用 $erf^{-1}(1-2u)$ 的麦克劳林级数，我们可以把 $G(k)$ 写成：

$$G(k) = \sqrt{2}\int_0^1 \sum_{i=0}^{+\infty}\left[p_i(1-2u)^{2i+1}\right]u^{k-1}\mathrm{d}u \qquad (5.11)$$

其中 $p_i = \dfrac{\sqrt{\pi}q_i}{2i+1}\left(\dfrac{2}{\sqrt{\pi}}\right)^{2i+1}$，$p_i$ 算式中的 $q_i = \displaystyle\sum_{j=0}^{i-1}\dfrac{q_j q_{i-1-j}}{(j+1)(2j+1)}$，且

$q_0 = 1$。式（5.11）变形后，有 $G(k) = \displaystyle\int_0^1\sum_{i=0}^{+\infty}r_i u^{k-1+i}\mathrm{d}u = \sum_{i=0}^{+\infty}\dfrac{r_i}{k+i}$，其

中 $r_i = \sqrt{2}(-2)^i p_i \displaystyle\sum_{j=[i/2]}^{+\infty}\binom{2j+1}{i}$。我们观察到 $G(k)$ 可以重新写成幂函

数的和的形式。因此我们推断幂函数能够很好地逼近 $G(k)$。为了证实

上述推断，我们将 $G(k) = \int_0^1 \Phi^{-1}(y)(1-y)^{k-1}\mathrm{d}y$ 在 $3 \le k \le 1000$ 区间

中画出来。我们使用 Matlab 曲线拟合工具箱，挑选幂函数、有理分式

函数、指数函数、高斯函数和多项式函数来拟合 $G(k)$，这些用来拟合

的函数形式如下：

（1）幂函数：$-a(k+b)^{-c}, a, c \in R^{+}, b \in R$。

（2）有理分式函数：$\dfrac{\displaystyle\sum_{i=0}^{s}a_i k^i}{\displaystyle\sum_{j=0}^{t}b_j k^j}, a_i, b_j \in R, s = t = 1$。

（3）指数函数：$\displaystyle\sum_{i=1}^{m}a_i\exp(b_i k), a_i, b_i \in R, m = 3$。

（4）高斯函数：$\sum_{i=1}^{m} a_i \exp\left[-\left(\dfrac{k-b_i}{c_i}\right)^2\right], a_i, b_i, c_i \in R, m = 8$。

（5）多项式函数：$\sum_{i=1}^{m} a_i k^i, a_i \in R, m = 9$。

这些用来拟合的函数的 adjusted R^2 的数值如表 5.1 所示。

表 5.1　　　　　　　　　备选函数的 adjusted R^2 数值

函数	幂函数	有理分式函数	指数函数	高斯函数	多项式函数
adjusted R^2	1.0000	0.9997	0.9993	0.9500	0.9465

由表 5.1 可见，幂函数 $\left[-1.594(k+3.671)^{-0.8951}\right]$ 的拟合度比我们预测的其他函数都要好。因此，我们选择该幂函数作为 $G(k)$ 的近似函数。图 5.6 是 $G(k)$ 和其他近似函数的比较。在式（5.9）中消去 n，我们可以把该问题重新写成：

$$\min_k E\left[J_{\tilde{1},k}\right] \doteq -a\sigma_J \frac{(k+b)^{-c}}{\sqrt{k^{-2} + \dfrac{\sigma_{\omega_0}^2}{T\sigma_J^2}k^{-1}}} + \mu_J \tag{5.12}$$

其中，$a = 1.594$，$b = 3.671$，$c = 0.8951$。

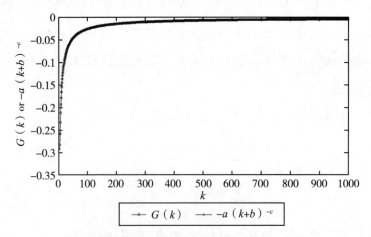

图 5.6　$G(k)$ 和 $-a(k+b)^{-c}$ 的比较

评论 5.1：a、b、c 是在 $3 \leq k \leq 1000$ 区间内拟合曲线得到的。如果 k 的范围变化，它们的数值也会发生改变。但是，当 $a = 1.594$，$b = 3.671$，$c = 0.8951$ 时，k 在很大范围内取值，使用幂函数逼近 $G(k)$ 的效果都非常好。

5.4.3　解析结果

本小节将导出一个解析解，它可以最小化式（5.12）中的 $E[J_{\tilde{1}, k}]$。$E[J_{\tilde{1}, k}]$ 关于 k 的一阶导为：

$$\frac{\mathrm{d}E[J_{\tilde{1}, k}]}{\mathrm{d}k} \doteq \frac{a\sigma_J(k + b)^{-c}}{\sqrt{k^{-2} + Rk^{-1}}}\left[\frac{c}{k + b} - \frac{2 + Rk}{2(k + Rk^2)}\right] \quad (5.13)$$

其中 $R = \sigma_{\omega_0}^2 / (T\sigma_J^2)$。求解该一阶条件，我们得到两个根。其中一个根是正的，一个根是负的。因为 k 是正数，因此我们保留正根。所以一阶条件的唯一解为：

$$k^* \doteq \frac{1 - c}{(2c - 1)R} + \frac{b}{2(2c - 1)} + \frac{\sqrt{b^2 R^2 + 4b(3c - 1)R + 4(1 - c)^2}}{2(2c - 1)R}$$

$$(5.14)$$

定理 5.1　假设真实目标函数值 $J \sim N(\mu_J, \sigma_J)$，并且误差 $\omega \sim N(0, \sigma_\omega)$，那么对于给定的计算量 T，当 $k = k^*$ 时，$E[J_{\tilde{1}, k}]$ 将近似地达到最小值，因此，k^* 是近似最优备选方案的数量。

证明：因为 $\mathrm{d}E[J_{\tilde{1}, k}]/\mathrm{d}k \mid_{k=0} < 0$，$\mathrm{d}E[J_{\tilde{1}, k}]/\mathrm{d}k \mid_{k=+\infty} > 0$，所以 $E[J_{\tilde{1}, k}]$ 在 $(0, +\infty)$ 区间内只有一个驻点，从而可知，对于 $k \in (0, +\infty)$，$E[J_{\tilde{1}, k}]$ 是关于 k 的拟凸函数。[①] 本定理的结论可以由拟凸

---

① 拟凸函数的性质可以查看戈维达里察和约万诺维奇（Govedarica & Jovanovic，1998）的定理1。

函数的性质直接得出。所以，k^* 是式（5.12）的最优解。由于式（5.12）是原问题式（5.9）的最小二乘近似，因此 k^* 是近似最优备选方案的数量。

为了能更好地理解搜索与估计之间的平衡关系，我们下面考察当计算量 $T \rightarrow +\infty$ 时最优备选方案数量的渐进表达式。这种情况下，k^* 可以被简化为

$$k^* \doteq \frac{2(1-c)}{2c-1} \cdot \frac{\sigma_J^2}{\sigma_{\omega_0}^2} T \tag{5.15}$$

类似地，n^* 也能被推导出来：

$$n^* \doteq S\left(\sqrt{1 + \frac{(2c-1)\sigma_{\omega_0}^2 T}{2b\sigma_J^2 S^2}} - 1 \right) \tag{5.16}$$

其中 $S = (1-c)T/2b + \sigma_{\omega_0}^2/4\sigma_J^2$。当 $x \rightarrow 0$，$\sqrt{1+x} \rightarrow 1 + x/2$。另外，当 $T \rightarrow +\infty$ 时，$(2c-1)\sigma_{\omega_0}^2 T/2b\sigma_J^2 S^2 \rightarrow 0$。因此，当 $T \rightarrow +\infty$，n^* 的表达式可以简化为

$$n^* \doteq \frac{2c-1}{2(1-c)} \cdot \frac{\sigma_{\omega_0}^2}{\sigma_J^2} \tag{5.17}$$

评论 5.2：由式（5.15）和式（5.16）可以发现，如果计算量 T 很大，那么在做随机搜索时，只需要在保证每个备选方案一定数量的仿真次数的前提下，尽可能多地对备选方案进行抽样是算法最优的选择，因为 T 充分大的时候，n^* 只由 $\sigma_{\omega_0}^2$、σ_J^2 和常数 c 所确定。

5.4.4 随机搜索迭代方法

如果 σ_J^2 和 $\sigma_{\omega_0}^2$ 已知，那么通过式（5.15）就可以得到与仿真试验

所得到的最优解十分接近的结果。但是，实际中，σ_J^2 和 $\sigma_{\omega_0}^2$ 一般是未知的。在本小节中，我们提出一种迭代方法用来估计这两个未知的参数，在此基础上就可以使用式（5.14）和式（5.16）的结果来提高随机搜索的效率。在该迭代方法中，每次迭代都将对 σ_J^2 和 $\sigma_{\omega_0}^2$ 的估计值进行更新，基于这两个不断更新的参数，每次迭代或者增加一个备选方案或者对现有的每个备选方案都增加一次仿真循环，直到所有的计算量都用完为止。下面先引入若干个新的符号：L_{ij} 表示第 i 个备选方案的第 j 次 $i.i.d.$ 的仿真循环的观测目标函数值；$\hat{\sigma}_J^2$ 表示迭代方法中所用到的 σ_J^2 的估计值；$\hat{\sigma}_{\omega_0}^2$ 表示迭代方法中所用到的 $\sigma_{\omega_0}^2$ 的估计值；$\hat{R}$ 表示迭代方法中所用到的 R 的估计值。

该迭代方法的具体步骤如下，其中容易证明 $\hat{\sigma}_J^2$ 和 $\hat{\sigma}_{\omega_0}^2$ 分别是 σ_J^2 和 $\sigma_{\omega_0}^2$ 的无偏估计。

步骤 1：初始化。

$t = 0$，选择一个较小数值的 n_t 和 k_t，且 $n_t k_t < T$；

从备选方案空间随机抽取 k_t 个备选方案，并对每个备选方案跑 n_t 轮仿真循环；

计算

$$\hat{\sigma}_J^2 = \frac{1}{(k_t - 1)\, n_t^2} \Big[\sum_{i=1}^{k_t} \Big(\sum_{j=1}^{n_t} L_{ij} \Big)^2 - \frac{1}{k_t} \Big(\sum_{i=1}^{k_t} \sum_{j=1}^{n_t} L_{ij} \Big)^2 \Big]$$

$$\hat{\sigma}_{\omega_0}^2 = \frac{1}{k_t(n_t - 1)} \sum_{i=1}^{k_t} \Big[\sum_{j=1}^{n_t} L_{ij}^2 - \frac{1}{n_t} \Big(\sum_{j=1}^{n_t} L_{ij} \Big)^2 \Big]$$

$$\hat{R} = \frac{\hat{\sigma}_{\omega_0}^2}{k_t n_t \hat{\sigma}_J^2} \ \text{和}\ k^*$$

IF　$k^* \geqslant K_t, \delta = n_t$

ELSE　$\delta = k_t$

步骤 2：循环。

WHILE $\quad \delta \leqslant \sum = T - k_t \times n_t$ DO

IF $\quad k^* \geqslant k_t, k_{t+1} = k_t + 1, n_{t+1} = n_t$

ELSE $\quad k_{t+1} = k_t, n_{t+1} = n_t + 1$

跑新的仿真循环；更新 $\hat{\sigma}_J, \hat{\sigma}_{\omega_0}, \hat{R}, k^*$

$t = t + 1$

IF $\quad k^* \geqslant k_t, \quad \delta = n_t$

ELSE $\quad \delta = k_t$

步骤 3：分配剩余的计算量。

IF $\quad 0 < \sum < \delta$

增序排列（最优观测值 $[k_t]$）

$r_1 = \left[\sum / k_t \right]$ 且 $r_2 = \sum - r_1 \times k_t$

FOR $\quad i = 1$：r_2

对观测值最好的 r_2 个方案，每个都再跑 $r_1 + 1$ 次仿真循环

FOR $\quad i = r_2 + 1$：k_t

对其余较差的方案，每个都再跑 r_1 次仿真循环

我们注意到在步骤 1，计算得到的 k^* 不一定是整数。但这不是一个问题，因为我们只是基于 k^* 的数值来判定下一步需要增加备选方案数量，还是为现有的备选方案分配更多的仿真次数。步骤 3 的目的是，当剩余的计算量不足以给现有的每个备选方案增加仿真次数时，合理地为现有的备选方案分配仿真次数。根据现有文献的相关研究，我们建议 k_0 或 n_0 的数值可以在 5 ~ 20 之间选择（Bechhofer, 1995；Law & Kelton, 2000；Chen & Lee, 2010）。

5.4.5 算例验证

为了验证 5.4.4 小节所提方法的有效性，本小节使用若干算例进

行验证。令 $k_0 = n_0 = 5$，选取仿真优化文献中常用的三个标杆问题来做验证（Hu et al.，2012；Xu et al.，2013），具体如下：

（1）Griewank 函数（$m = 50$，$-50 \leqslant x_i \leqslant 50$）：

$$1 + \frac{1}{4000} \sum_{i=1}^{m} x_i^2 - \prod_{i=1}^{m} \cos\left(\frac{x_i}{\sqrt{i}}\right)$$

（2）Rastrigin 函数（$m = 20$，$-5.12 \leqslant x_i \leqslant 5.12$）：

$$\sum_{i=1}^{m} \left(x_i^2 - 10\cos(2\pi x_i)\right) + 10m$$

（3）多峰函数（$m = 2$，$0 \leqslant x_i \leqslant 100$）：

$$-\sum_{i=1}^{m} \left[\sin^6(0.05\pi x_i)\, 2^{2((x_i-10)/80)^2}\right]$$

为了确定 σ_{ω_0} 合适的值，对上述三个标杆函数分别抽样 1000 万次，并分别统计出其中的抽样最小值（$\min_s$）、最大值（$\max_s$），以及 $\max_s$ 与 $\min_s$ 之间的差值（$\max_s - \min_s$），这些数据报告在表 5.2 中。表中最后一列给出了每个标杆函数的 σ_J 的大致范围。再为每个标杆函数加上随机扰动，这些随机扰动服从均值为 0、标准差为 σ_{ω_0} 的正态分布。其中，针对每个标杆函数，σ_{ω_0} 均取一高一低两个值，高值为 $\sigma_{\omega_0} \doteq \frac{\max_s - \min_s}{2}$，低值为 $\sigma_{\omega_0} \doteq \frac{\max_s - \min_s}{6}$。一共在 12 种场景下做数值验证，这 12 种场景的参数取值如表 5.3 所示。

表 5.2　　　　　　　　三个标杆函数的抽样统计

标杆函数	$\min_s$	$\max_s$	$\max_s - \min_s$
Griewank 函数	5.222	18.442	13.22
Rastrigin 函数	146.911	615.404	468.493
多峰函数	-2.000	0.000	2

表 5.3　　　　　　　　　**12 个场景的参数取值**

Griewank 函数			Rastrigin 函数			多峰函数		
场景	T	σ_{ω_0}	场景	T	σ_{ω_0}	场景	T	σ_{ω_0}
1	500	2.2	5	500	78	9	500	1/3
2	500	6.6	6	500	234	10	500	1
3	2000	2.2	7	2000	78	11	2000	1/3
4	2000	6.6	8	2000	234	12	2000	1

在算例当中，将 5.4.4 小节提出的计算量分配方法与事先给定每个方案仿真次数（n）的方法进行比较，对每个场景都试验 1000 次，从而可以估计抽样观察到的最优方案的期望真实目标值（the expected true performance of the observed best solution）。数值算例的结果呈现在表 5.4。在表 5.4 中，第 2~5 列报告了当 n 分别预先固定为 5、10、25 和 50 次时的运行结果。第 6 列报告了本节所提方法的运行结果。另外，在每个场景的 1000 次试验中，我们对本节所提算法计算得到的 1000 个 n，求均值并取整后得到的数报告在表 5.4 的最后一列，令该数为 n_τ^*，其中括号里的数为这 1000 个 n 的标准差。

表 5.4　　　　　　　　**12 个场景下两种方法的结果比较**

Griewank 函数					
场景	$n=5$	$n=10$	$n=25$	$n=50$	$n=n_\tau^*$	n_τ^* (SD)
1	**8.881**	8.885	9.163	9.486	**8.858**	6 (0.825)
2	10.102	9.932	9.771	**9.744**	9.822	15 (3.485)
3	8.492	**8.404**	8.496	8.676	**8.391**	7 (0.958)
4	9.895	9.538	9.252	**9.225**	**9.220**	34 (6.929)
Rastrigin 函数					
5	281.653	**281.493**	292.288	304.717	**280.798**	6 (1.019)
6	326.180	318.894	**312.345**	315.149	315.248	15 (3.340)
7	265.608	**264.056**	266.993	276.478	**263.451**	8 (1.009)
8	317.454	307.907	294.809	**292.375**	294.355	34 (7.050)

续表

多峰函数					
9	**−1.569**	−1.457	−1.269	−1.093	−1.560	5（0.032）
10	−1.283	**−1.293**	−1.215	−1.063	**−1.298**	9（1.963）
11	**−1.737**	−1.680	−1.559	−1.424	**−1.744**	5（0.063）
12	−1.454	**−1.496**	−1.486	−1.380	**−1.505**	14（2.419）

注：对于每个场景，给定仿真次数方法所得到的最小值用黑体数字表示；若本节方法得到的数值比给定仿真次数方法得到的最小值还要小，则该数值也用黑体数字表示。

由表 5.4 可得以下结论：（1）每个备选方案的仿真次数 n 和备选方案的选取数量 k 会对随机搜索的效果产生直接的影响。当随机扰动的方差增大，n 也随之增大。然而，如果不使用本节所提的方法，研究者没法确定最优的 n 和 k 的值。（2）本节所提的方法在三个标杆函数的测试中均表现优秀。与预先确定 n 的数值的方法相比，在 12 个场景中，本节的方法在 8 个场景下找到最优值。总体而言，本节所提的方法在 k 不是很小的情况下表现得更好，因为此时对 σ_I 的估计更精准。在其他 4 个场景下，本节所提方法的表现也仅略差于四个固定 n 值的情况中的最优的那个。而且，在实践当中，如果使用预先确定 n 的数值的方法，研究者们也无法事先知道 n 取什么数值比较好。

最后，为了检验从三个标杆函数随机抽样得到的真实目标值（true performance）的正态性，本书对每个函数基于 10000 次随机抽样并使用 Q – Q 图进行检验（见图 5.7 ~ 图 5.9）。每个图的横轴表示标准正态分位数，纵轴表示 Griewank/Rastrigin/多峰函数的标准化样本的分位数。同时，还使用了柯尔莫诺夫 – 斯米尔诺夫（Kolmogorov-Smirnov）检验，检验结果是：Griewank、Rastrigin 和多峰函数的 p 值分别为 0.5039、0.9883 和 1.5465×10^{-170}。以上结果表明，Griewank 函数和 Rastrigin 函数的随机抽样得到的真实目标值近似服从正态分布，因此，满足本节方法的前提假设。然而，多峰函数抽样目标值的正态性被否定。不过，尽管多模函数抽样目标值并不服从正态分布，但是，数值算例显示，本节所提的方法仍然表现优秀。

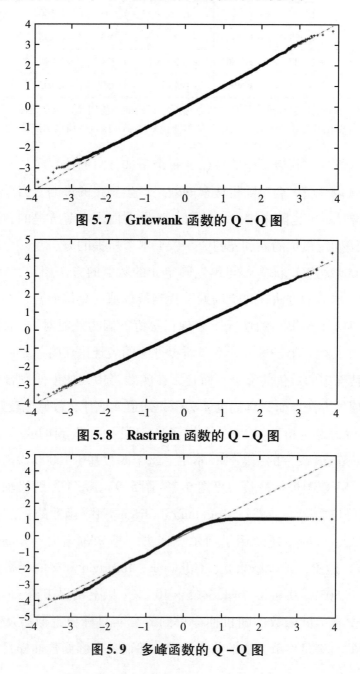

图 5.7　Griewank 函数的 Q–Q 图

图 5.8　Rastrigin 函数的 Q–Q 图

图 5.9　多峰函数的 Q–Q 图

5.5　（s，S）库存系统的多精度模型

为了节约运行成本，提升算法的效率，本书在粒子群优化算法中加入了多精度模型，本节介绍高精度和低精度两个模型。

5.5.1　高精度模型

本章考察第 3 章提出的由马尔可夫过程驱动的需求时序相关的（s，S）库存系统。当需求服从位相型分布（比如指数分布、埃尔朗分布等）时，第 3 章提出的数值方法可以快速计算该库存系统的库存水平和库存成本。然而，当需求服从正态分布或截断的正态分布时，上述数值方法不再适用。在这种情况下，只能使用仿真方法计算库存水平和库存成本。然而，仿真通常是极其耗时的，可能需要循环运行几千万次才能得到误差较小的适应度值。不过，我们发现，当假设需求服从指数分布时，通过数值计算得到的适应度值虽然与需求服从截断的正态分布的仿真得到的适应度值有很大的差异，但是给定一组数值计算，经过 MO^{2}TOS 的次序转换后，数值计算模型得到的适应度的大小次序与仿真结果大体上一致。因此，把数值计算模型被称作低精度模型，仿真模型被称作高精度模型，可以利用低精度模型来改善高精度模型所需要的时间，以减少昂贵的仿真预算。如图 5.10 所示，本书先基于 500 个备选解使用数值方法计算低精度模型的库存成本的值，按照库存成本从小到大的次序为这些备选解排序（见图 5.10 的虚线）。然后，把低精度模型每一个备选解所对应的高精度模型的库存成本使用仿真方法计算出来，并一一对应地展现在同一张图上（见图 5.10 的实线）。可以发现，与高精度模型相比，虽然低精度模型的

库存成本的值有很大的误差，但是低精度模型计算出来的备选解的库存成本的大小次序基本上与高精度模型一致。

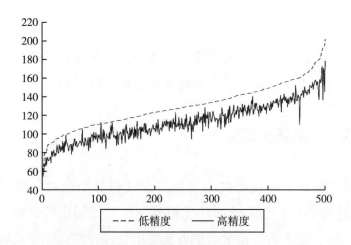

图 5.10　次序变换后低精度与高精度模型的库存成本对比

5.5.2　低精度模型

我们直接使用第 3 章所提出来的半状态依赖策略下的需求时序相关的 (s, S) 库存模型作为低精度模型，因此可以用第 3 章的数值算法很快地计算出低精度模型下的库存水平和库存成本。针对低精度模型，先回顾几个与库存水平相关的成本指标：

（1）阶段 n 的订货量：

$$U_n = \begin{cases} 0, & \text{若 } X_n > s_{J_n} \\ S_{J_n} - X_n, & \text{否则} \end{cases} \tag{5.18}$$

（2）阶段 n 是否订货：

$$\delta(U_n) = \begin{cases} 1(\text{订货}), & \text{若 } U_n > 0 \\ 0(\text{不订货}), & \text{否则} \end{cases} \tag{5.19}$$

（3）阶段 n 的期初库存量：

$$V_n = \max\{X_n, 0\} \tag{5.20}$$

（4）阶段 n 的期初缺货量：

$$W_n = \max\{-X_n, 0\} \tag{5.21}$$

　　假设 $\{U_n, V_n, W_n\}$ 是遍历平稳的，即 $(U_n, V_n, W_n) \xrightarrow{d} (U, V, W)$。$K$ 为每阶段订货的固定成本（$K \geqslant 0$）；c 为每阶段订货的可变成本（$c \geqslant 0$）；h 为每单位货物的存储成本；s 为每单位货物的缺货成本。则（s，S）库存系统每周期的长期平均成本表达式为：

$$G(\{s_j\}, \{q_j\}; j \in \Omega) = KE[\delta(U)] + cE[U] + hE[V] + sE[W] \tag{5.22}$$

　　该长期平均成本表达式可以由库存水平的各阶矩的线性组合来表示，对于服从位相型分布的需求，库存水平的各阶矩可通过第 3 章所提出来的数值方法快速精确地计算得到，因此，低精度模型的目标函数值（长期平均库存成本）也可以被很快地计算出来。需要指出的是，因为可变采购成本的值是不变的，所以本章忽略可变采购成本，最终进行分析的成本表达式为：

$$G(\{s_j\}, \{q_j\}; j \in \Omega) = KE[\delta(U)] + hE[V] + sE[W] \tag{5.23}$$

5.6　基于粒子群算法的需求时序相关的（s，S）库存策略优化

　　针对需求时序相关的（s，S）库存系统，本节提出 3 种基于粒子群优化的算法对库存策略参数进行优化，分别是传统粒子群优化算法

（算法1）、考虑多精度模型的粒子群优化算法（算法2）以及考虑 MO^2TOS 和多精度模型的粒子群优化算法（算法3）。

5.6.1　传统粒子群优化算法

在传统粒子群优化算法（算法1）中仅使用高精度模型来计算粒子的适应度值，算法1的实现步骤为：

（1）初始化步骤。随机地初始化 N 个粒子，令 $t=0$，评估每个粒子的适应度值，确定 pbest，pb，gbest，gb。其中 pb 为每个粒子自身的最优适应度值（评估 pbest 得到的最优适应度值）；gb 为整个粒子群的全局最优适应度值（评估 gbest 得到的最优适应度值）。

（2）迭代步骤。

步骤1：根据式（5.4）计算 w。

步骤2：根据式（5.2）、式（5.3）调整粒子速度和位置，更新 pbest，pb，gbest，gb。

步骤3：根据式（5.5）计算 ε。如果 $\varepsilon \leqslant$ precision，那么 criterion1 = criterion1 + 1；否则 criterion1 = 0。其中 precision 为给定的精度数值，criterion 为精度连续在某一阈值下的最大迭代次数，criterion1 为精度连续在某一阈值下的累计迭代次数。

步骤4：如果 criterion1 $\geqslant$ criterion 或者 $t>$ maxgen，停止迭代，输出返回值 gbest，gb；否则，令 $t=t+1$，并转到步骤1。其中 maxgen 为最大迭代次数。

5.6.2　考虑多精度模型的粒子群优化算法

在多精度模型的粒子群优化算法（算法2）中，首先基于低精度模型进行优化，再基于高精度模型进行优化。结合低精度与高精度的多精度优化方法可以使算法加速收敛到高精度模型下的最优解，从而以较低的计算成本获得全局最优解。具体地，首先基于低精度模型使用粒子群优化算法对库存系统进行优化，其优化过程与算法 1 相同，并得到一组 pbest 和 gbest；然后，基于高精度模型计算低精度模型得到这些粒子的适应度值，从而得到另一组更新了适应度值的"初始粒子群"；最后，再次使用粒子群优化算法对高精度模型进行优化，并得到最终的最优解。算法 2 的实现步骤为：

（1）第一次初始化步骤。随机初始化 N 个带有速度和位置属性的粒子，令 $t = 0$，用低精度模型评估每个粒子的适应度值，确定 pbest，pb，gbest，gb。

（2）第一次迭代步骤。使用算法 1 的迭代步骤。

（3）第二次初始化步骤。基于高精度模型计算上述迭代步骤结束后得到粒子群的 pbest 和 gbest 的适应度值，重新得到一组更新了适应度值的"初始粒子群"。

（4）第二次迭代步骤。使用算法 1 的迭代步骤。

5.6.3　考虑 MO²TOS 和多精度模型的粒子群优化算法

在算法 1 和算法 2 中，初始粒子群的生成是随机的，但在考虑 MO²TOS 和多精度模型的粒子群优化的算法（算法 3）中，可使用 MO²TOS 方法对初始粒子进行择优选择。算法 3 的实现步骤为：

（1）第一次初始化步骤。

步骤 1：随机初始化 M 个仅有位置属性的粒子，令 $t = 0$，$i = 0$，用低精度模型评估每个粒子，得到适应度值。其中 M 为进行 OT 的粒子总数。

步骤 2：根据适应度值对 M 个初始化粒子进行从小到大排序，均等分为 k 个组，并从每组中随机选取 n_0 个粒子。

步骤 3：用高精度模型评估被选择粒子的适应度值，并为每组计算当前选中的粒子的适应度值的均值和方差。

步骤 4：根据 OCBA 方法，计算分配给每组的粒子数 N_j，并在第 j 组中随机选取 N_j 个粒子 $(j=1, 2, \cdots, k)$。

步骤 5：$i=i+1$，如果 $i < (N - n_0 k)/b$，转到第 3 步，否则，通过 MO^{2}TOS 方法得到 N 个仅有位置属性的粒子，并初始化每个粒子的速度，通过低精度模型评估粒子的适应度值，确定 pbest、pb、gbest、gb，进入第一次迭代步骤。其中 b 为每一次分配的粒子数。

（2）第一次迭代步骤。使用算法 1 的迭代步骤。

（3）第二次初始化步骤。基于高精度模型计算上述迭代步骤结束后得到粒子群的 pbest 和 gbest 的适应度值，重新得到一组更新了适应度值的"初始粒子群"。

（4）第二次迭代步骤。使用算法 1 的迭代步骤。

5.6.4 数值算例

本节设计了几个算例来测试 5.6 节所提到的算法，算法的编程使用 C++语言，并在 1.60 ~ 2.11GHz、Intel i5 - 10210U 处理器、16GB RAM 的笔记本电脑上测试。设置了 12 种不同的参数组合进行实验，包括两组不同的概率转移矩阵 P_1，P_2 和稳态概率 π_1，π_2，以及两组不同的指数分布参数 λ_1，λ_2，具体赋值为：

$$P_1 = \begin{bmatrix} 0.2, 0.2, 0.2, 0.2, 0.2 \\ 0.2, 0.2, 0.2, 0.2, 0.2 \\ 0.2, 0.2, 0.2, 0.2, 0.2 \\ 0.2, 0.2, 0.2, 0.2, 0.2 \\ 0.2, 0.2, 0.2, 0.2, 0.2 \end{bmatrix}$$

$$P_2 = \begin{bmatrix} 0.18,0.25,0.19,0.23,0.15 \\ 0.22,0.21,0.18,0.21,0.18 \\ 0.19,0.21,0.18,0.21,0.18 \\ 0.23,0.19,0.17,0.18,0.23 \\ 0.21,0.18,0.23,0.19,0.19 \end{bmatrix}$$

$$\pi_1 = \{0.2,0.2,0.2,0.2,0.2\}$$

$$\pi_2 = \{0.2061,0.1985,0.1954,0.208,0.192\}$$

$$\lambda_1 = \{0.05,0.04,0.03,0.02,0.01\}$$

$$\lambda_2 = \{0.5,0.4,0.3,0.2,0.1\}$$

另外，令 $N = 50$，$D = 5$，maxgen $= 100$，$k = 5$，$b = 10$，$\varepsilon = 0.002$，criterion $= 5$，$c_1 = 2$，$c_2 = 2$，$n_0 = 5$。在算例中，高精度模型的适应度值经过 1000 万次仿真得到，运行一次大约需要 5~6 秒；而低精度模型的适应度值使用第 3 章所提出的数值算法计算得到，运行一次平均只需要 0.08 秒。数值算例的结果如表 5.5~表 5.8 所示。

表 5.5　　　　三种算法的结果比较（π_1，P_1，λ_1）

(K，h，r)	算法 1		算法 2		算法 3	
	迭代次数	最低成本	迭代次数	最低成本	迭代次数	最低成本
(10，2，2)	9	71.39606	5	71.24949	6	71.12049
(10，2，1)	9	55.14952	3	55.17881	6	55.08570
(10，1，2)	14	48.23664	4	48.05654	5	48.09294

表 5.6　　　　三种算法的结果比较（π_1，P_1，λ_2）

(K，h，r)	算法 1		算法 2		算法 3	
	迭代次数	最低成本	迭代次数	最低成本	迭代次数	最低成本
(10，2，2)	9	12.83038	4	12.85195	3	12.85129
(10，2，1)	7	10.28311	4	10.25794	3	10.31028
(10，1，2)	11	10.87519	3	10.87363	3	10.87794

表 5.7　　　　　　　三种算法的结果比较（π_2，P_2，λ_1）

(K,h,r)	算法 1		算法 2		算法 3	
	迭代次数	最低成本	迭代次数	最低成本	迭代次数	最低成本
(10, 2, 2)	10	70.54573	4	70.73749	5	70.66019
(10, 2, 1)	11	47.71373	8	47.72701	7	47.67150
(10, 1, 2)	9	54.74549	5	54.77519	6	54.79145

表 5.8　　　　　　　三种算法的结果比较（π_2，P_2，λ_2）

(K,h,r)	算法 1		算法 2		算法 3	
	迭代次数	最低成本	迭代次数	最低成本	迭代次数	最低成本
(10, 2, 2)	9	12.72635	4	12.74216	3	12.75472
(10, 2, 1)	7	10.22502	4	10.20023	3	10.21611
(10, 1, 2)	5	10.82936	3	10.76885	2	10.78118

由表 5.5 ~ 表 5.8 可知：无论在哪种参数组合下，三种算法得到的最低库存成本都很接近，最终都能收敛到最优解。不过在算法的迭代次数上，发现算法 1 的迭代次数是算法 2 或算法 3 的 2 ~ 3 倍，算法 2 和算法 3 的计算效率均比算法 1 要高。但是，算法 2 和算法 3 的迭代次数在不同的情况下互有优劣，总体上不分伯仲，可见在粒子群算法的初始化阶段引入 MO^2TOS 方法去改进初始粒子群的质量并不能提升算法 2 的计算效率，说明粒子群算法初始解的优劣选择对于算法的收敛速度没有显著影响。

同时，对（π_1，P_1，λ_1）和（π_1，P_1，λ_2）两组参数设置下的算法收敛情况进行绘图，如图 5.11 和图 5.12 所示。

由图 5.11 和图 5.12 可知，算法 2 和算法 3 收敛速度很快，迭代 5 次或者更少就能找到最优解；而算法 1 的收敛速度就慢一些。

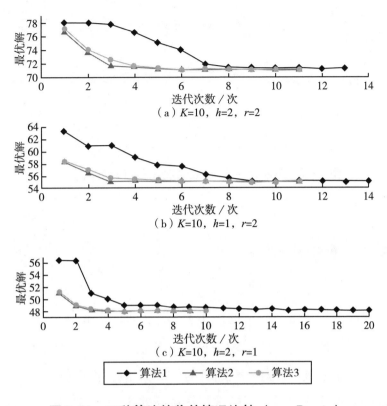

图 5.11　三种算法的收敛情况比较（π_1，P_1，λ_1）

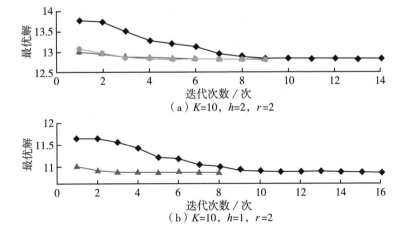

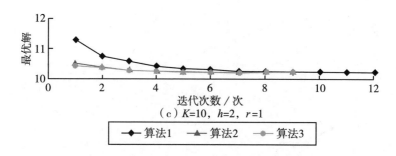

图 5.12　三种算法的收敛情况比较（π_1，P_1，λ_2）

5.7　本章小结

本章研究了改进的粒子群优化算法在需求时序相关的 (s, S) 库存系统中的应用。先介绍了粒子群优化算法、MO^2TOS 方法、最优计算量分配方法的基本原理；然后针对一类需求时序相关的 (s, S) 库存系统的策略优化问题，把需求服从截断的正态分布的库存系统称为高精度模型，把需求服从指数分布的库存系统称为低精度模型，其中高精度模型为研究的目标模型，低精度模型为优化计算时所用的辅助模型，提出了两种改进型粒子群优化算法。一种算法将多精度模型和粒子群优化算法相结合，形成混合粒子群优化算法；另一种算法在前一种算法的基础上在粒子群初始化过程中引入 MO^2TOS 方法。数值算例结果表明，相较于传统的粒子群优化算法，提出的改进型粒子群优化算法具有明显更高的计算效率。

第6章　Tailored Base-Surge 策略下双源库存系统的数值优化

本章考察双源库存系统中的 Tailored Base-Surge 策略（简称 TBS 策略）。在 TBS 策略下，库存系统将以一个固定速率从常规供应商处补货，只有当库存水平降到某一个阈值以下时才从紧急供应商处补货，该策略在实践中很容易实施。为了获得双源库存系统的库存水平和库存成本的表达式，本章设计了两种数值算法，一种算法基于麦克劳林级数，另一种算法基于一个无穷维的线性方程组。同时，使用上述数值算法分析该系统的牛鞭效应。然后，继续使用上述数值算法计算库存成本关于 TBS 库存策略参数的导数，再结合基于梯度的优化方法来确定 TBS 库存策略参数的最优值。在算例中，本章选择数值方法与 CBFGS 算法相结合来优化库存策略参数。数值算例显示，上述算法易于实施，且整体上效果良好，不过，在计算该系统的库存水平时，所提数值算法具有收敛域。

6.1　库存水平的各阶矩

考虑一个具有独立同分布需求的定期盘点的双源采购库存系统。

该系统有一个单位成本较低但交货提前期较长的常规供应商和一个单位成本较高但交货提前期较短的应急供应商。假设常规供应商的交货提前期为 l^R 个周期，应急供应商的交货提前期为 l^E 个周期，并令 $l^\Delta = l^R - l^E$。再假设 D_n 为周期 n 的需求（需求在所有周期内独立同分布），D 为任一周期的需求，其均值为 μ，分布函数为 $F(\cdot)$，密度函数为 $f(\cdot)$。令 X_n 是周期 n 期初的库存位置（在库库存加上在途库存）。另外定义紧急库存位置为在库库存加上 l^E 个周期内可送达的在库库存，因此，紧急库存位置可以表达为 $X_n - l^\Delta Q$。我们使用 TBS 库存策略管理该双源库存系统，TBS 策略由两个参数所制约：Q 和 S（其中，$Q < \mu$。倘若 $Q \geqslant \mu$，系统将变得不平稳）。在 TBS 策略下，周期 n 期初的时候，系统向常规供应商下达数量为常量 Q 的订单。同时，如果紧急库存位置 $(X_n - l^\Delta Q)$ 小于目标库存水平 S，那么系统再向紧急供应商下订单，并使库存位置达到阈值 S；否则，系统不再向紧急供应商下订单。

因此，X_n 的递归动态方程可以表达为：

$$X_{n+1} = \begin{cases} X_n + Q - D_n, & X_n - l^\Delta Q > S \\ S + (1 + l^\Delta)Q - D_n, & X_n - l^\Delta Q < S \end{cases} \quad (6.1)$$

为了便于表达，本章将关注库存位置（在库库存加上在途库存）。当然，本章也关注库存水平（在库库存），因为我们后续计算库存持有成本和缺货成本时需要用到库存水平。不过，需要指出的是，一旦知道了库存位置和订单的提前期，库存水平可以很容易地被计算出来。

为了简化符号和推导，令 $\hat{S} = S + l^\Delta Q$，并引入 $O_n = X_{n+1} + D_n - \hat{S} - Q$。基于式（6.1），可以得到 O_n 的表达式：

$$O_n = \begin{cases} O_{n-1} + Q - D_{n-1}, & O_{n-1} + Q - D_{n-1} \geqslant 0 \\ 0, & O_{n-1} + Q - D_{n-1} < 0 \end{cases} \quad (6.2)$$

假设过程 $\{X_n, O_n, D_n\}$ 是平稳且遍历的，即：$\{X_n, O_n, D_n\} \xrightarrow{d} \{X, O, D\}$。此外，如果 $\lim_{N\to\infty} \sup \sum_{n=1}^{N} (Q - D_n) < \infty$ 的概率是 1，那么 O 是有界的，该条件在 $Q < \mu$ 时即可成立，其证明可见洛尼斯（Loynes，1962）的引理 1 和定理 1。因此，显然存在常数 $K > 0$，使得 $O < K$。由 $O_n = X_{n+1} + D_n - \hat{S} - Q$，我们有 $O = X + D - \hat{S} - Q$。令式（6.2）中 $n \to \infty$，则有：

$$O \stackrel{d}{=} \begin{cases} O + Q - D, & O + Q - D \geqslant 0 \\ 0, & O + Q - D < 0 \end{cases} \tag{6.3}$$

令 $I(\Lambda)$ 表示事件 Λ 的示性函数，$f^{(m)}(0)$ 为 $f(x)$ 在 $x = 0$ 时的 m 阶导数。假设 $f(x)$ 是定义在 $[0, Q+L]$ 上的解析函数，即：对于 $0 \leqslant x \leqslant Q + K$，$f(x)$ 可以表达为 $f(x) = \sum_{m=0}^{\infty} \dfrac{f^{(m)}(0)}{m!} x^m$。对于位相型分布，上述假设是成立的。由式（6.3），可以得到：

$$
\begin{aligned}
E[O^k] &= E[(O + Q - D)^k I(D \leqslant O + Q)] \\
&= E\left[\int_0^{O+Q} (O + Q - X)^k f(x)\,\mathrm{d}x \right] \\
&= E\left[\int_0^{O+Q} \sum_{j=0}^{\infty} \frac{f^{(j)}(0)}{j!} (O + Q - x)^k x^j \,\mathrm{d}x \right] \\
&= E\left[\sum_{j=0}^{\infty} \frac{k! f^{(j)}(0)}{(j+k+1)!} (O + Q)^{j+k+1} \right] \\
&= E\left[\sum_{j=0}^{\infty} \frac{k! f^{(j)}(0)}{(j+k+1)!} \sum_{r=0}^{j+k+1} \binom{j+k+1}{r} O^{j+k+1-r} Q^r \right] \\
&= \sum_{j=0}^{\infty} \frac{k! f^{(j)}(0)}{(j+k+1)!} \sum_{r=0}^{j+k+1} \binom{j+k+1}{r} Q^r E[O^{j+k+1-r}] \\
&= \sum_{j=0}^{\infty} \alpha_{kj} Q^{j+k+1} + \sum_{j=0}^{\infty} \alpha_{kj} \sum_{r=0}^{j+k} \binom{j+k+1}{r} Q^r E[O^{j+k+1-r}]
\end{aligned}
$$

$$\tag{6.4}$$

其中，$k = 1, 2, \cdots$，$\dbinom{n}{m} = \dfrac{n!}{m!(n-m)!}$，$\alpha_{kj} = \dfrac{k! f^{(j)}(0)}{(k+j+1)!}$。

因为幂级数 $\displaystyle\sum_{j=0}^{\infty} |\alpha_{kj}| z^{j+k+1}$ 对于任意的 $z \in [0, Q+K]$ 均收敛，所以，由控制收敛定理，在上述推导中，所有计算符号的顺序都可以相互交换。

6.2 库存成本指标

本节考虑多种与库存水平相关的成本指标。设 h 为单位持有成本，b 为单位缺货成本，c^R 为向常规供应商采购支付的单位成本，c^E 为向紧急供应商采购支付的单位成本。

首先，定义以下概念：

周期 n 的紧急订货量：

$$U_n = \begin{cases} 0, & X_n \geqslant \hat{S} \\ \hat{S} - X_n, & X_n < \hat{S} \end{cases}$$

周期 n 期初的库存水平（在库库存）：

$$Y_n = X_n - l^R Q - \sum_{i=0}^{l^E - 1} U_{n-i}$$

周期 n 期初的净库存量：

$$V_n = \max\{Y_n, 0\}$$

周期 n 期初的缺货量：

$$W_n = \max\{-Y_n, 0\}$$

因为 $X_n = O_{n-1} + \hat{S} + Q - D_{n-1}$，$Y_n = O_{n-1} + S - D_{n-1} - (l^E - 1)Q -$
$\sum_{i=0}^{l^E-1} U_{n-i}$，再令 $L_n = (l^E - 1)Q + \sum_{i=0}^{l^E-1} U_{n-i}$，可以得到：

$$U_n = \begin{cases} 0, & O_{n-1} + Q \geqslant D_{n-1} \\ D_{n-1} - O_{n-1} - Q, & O_{n-1} + Q < D_{n-1} \end{cases}$$

$$V_n = \begin{cases} O_{n-1} + S - D_{n-1} - L_n, & O_{n-1} + S - L_n \geqslant D_{n-1} \\ 0, & O_{n-1} + S - L_n < D_{n-1} \end{cases}$$

$$W_n = \begin{cases} L_n + D_{n-1} - O_{n-1} - S, & D_{n-1} \geqslant O_{n-1} + S - L_n \\ 0, & D_{n-1} < O_{n-1} + S - L_n \end{cases}$$

在宽松的条件下，$\{U_n, Y_n, V_n, W_n\}$ 是平稳遍历的，即：$\{U_n, Y_n, V_n,$
$W_n\} \xrightarrow{d} \{U, Y, V, W\}$。令 $n \to \infty$，可以得到

$$U = \begin{cases} 0, & O + Q \geqslant D \\ D - O - Q, & O + Q < D \end{cases}$$

$$V = \begin{cases} O + S - D - (l^E - 1)Q - l^E U, & O + S - (l^E - 1)Q - l^E U \geqslant D \\ 0, & O + S - (l^E - 1)Q - l^E U < D \end{cases}$$

$$W = \begin{cases} (l^E - 1)Q + l^E U + D - O - S, & D \geqslant O + S - (l^E - 1)Q - l^E U \\ 0, & D < O + S - (l^E - 1)Q - l^E U \end{cases}$$

然后，定义多种成本指标，令：$C(U) = c^E U$ 表示每个周期向应急供应商采购的成本；$H(V) = hV$ 表示每个周期的库存持有成本；$B(W) = bW$ 表示每个周期的缺货成本。一种常用的库存成本函数为：

$$G(Q, S) = c^R Q + c^E E[U] + hE[V] + bE[W]$$

其中，$c^R Q$ 表示每个周期向常规供应商采购的成本。给定 Q 和 S，只要能得到 $E[U^k]$、$E[V^k]$ 和 $E[W^k]$，那么 $G(Q, S)$ 就可以很容易地被计算出来。

接下来，我们先推导得到 $E[U^k]$、$E[V^k]$ 和 $E[W^k]$ 的表达式。由 U 的递归方程可以得到：

$$
\begin{aligned}
E[U^k] &= E[(D-O-Q)^k I(D > O+Q)] \\
&= (-1)^k E[(D-O-Q)^k \{1 - I(D \le O+Q)\}] \\
&= (-1)^k E[(D-O-Q)^k - (D-O-Q)^k I(D \le O+Q)] \\
&= (-1)^k E[(D-O-Q)^k - O^k] \\
&= (-1)^k \left\{ \sum_{j=0}^{k} \sum_{i=0}^{j} \frac{(-1)^i Q^{j-i} k!}{(k-j)!(j-i)!i!} E[O^{k-j}] E[D^i] - E[O^k] \right\}
\end{aligned}
$$

当 $k=1$ 时，$U = D - Q$，$E[U] = E[D] - Q$，因此，V 和 W 的递归方程可以重写为：

$$
V = \begin{cases} O+S+Q-(l^E+1)D, & O+S+Q \ge (l^E+1)D \\ 0, & O+S+Q < (l^E+1)D \end{cases}
$$

$$
W = \begin{cases} (l^E+1)D-Q-S-O, & (l^E+1)D \ge O+S+Q \\ 0, & (l^E+1)D < O+S+Q \end{cases}
$$

从而可以得到：

$$
\begin{aligned}
E[V^k] &= E\left[(O+S+Q-(l^E+1)D)^k I\left(D \le \frac{1}{l^E+1}(O+S+Q)\right)\right] \\
&= E\left[\int_0^{\frac{1}{l^E+1}(O+S+Q)} \sum_{j=0}^{\infty} \frac{f^{(j)}(0)}{j!}(O+S+Q-(l^E+1)x)^k x^j \mathrm{d}x\right] \\
&= E\left[\sum_{j=0}^{\infty} \frac{k! f^{(j)}(0)}{(j+k+1)!(l^E+1)^{j+1}}(O+S+Q)^{j+k+1}\right] \\
&= \sum_{j=0}^{\infty} \frac{\alpha_{kj}}{(l^E+1)^{j+1}} E[(O+S+Q)^{j+k+1}]
\end{aligned}
$$

$$= \sum_{j=0}^{\infty} \frac{\alpha_{kj}}{(l^E+1)^{j+1}} \sum_{l=0}^{j+k+1} \sum_{i=0}^{l} \frac{S^{l-i}(j+k+1)!Q^i}{(j+k+1-l)!(l-i)!i!} E[O^{j+k+1-l}]$$

以及

$$E[W^k] = E\left[((l^E+1)D-Q-S-O)^k I\left(D \geqslant \frac{1}{l^E+1}(O+S+Q)\right)\right]$$

$$= E\left[((l^E+1)D-Q-S-O)^k\right.$$

$$\left. - ((l^E+1)D-Q-S-O)^k I\left(D < \frac{1}{l^E+1}(O+S+Q)\right)\right]$$

$$= (-1)^k E\left[(O+S+Q-(l^E+1)D)^k\right.$$

$$\left. - (O+S+Q-(l^E+1)D)^k I\left(D < \frac{1}{l^E+1}(O+S+Q)\right)\right]$$

$$= E\left[(-1)^k \{E[(O+S+Q-(l^E+1)D)^k] - E[V^k]\}\right]$$

$$= (-1)^k \left\{\sum_{j=0}^{k} \sum_{i=0}^{j} \frac{(-1)^i (S+Q)^{j-i} k! (l^E+1)^i}{(k-j)!(j-i)!i!} E[O^{k-j}] E[D^i] - E[V^k]\right\}$$

$E[U^k]$、$E[V^k]$ 和 $E[W^k]$ 都是关于 $E[O^k]$ $(k=1,2,\cdots)$ 的函数，因此，一旦给定 Q 和 S，我们可以计算得到 $E[O^k]$ $(k=1,2,\cdots)$，从而也可以进一步计算得到库存成本 $G(Q,S)$。

6.3　牛鞭效应分析

牛鞭效应（bullwhip effect，BE）是研究人员常用来衡量库存系统波动的一种指标。它的定义为：

$$BE = \frac{\mathrm{Var(order)}}{\mathrm{Var}(D)}$$

其中，Var(order) 是订单货物数量的方差，Var(D) 是需求的方差。对于具有服从独立同分布需求和使用 TBS 策略的双源采购库存系统，可以推导得到其 Var(order) 的表达式：

$$
\begin{aligned}
\mathrm{Var(order)} &= \mathrm{Var}(U+Q) \\
&= E\left[(U+Q)^2\right] - (E[U+Q])^2 \\
&= E[U^2] + 2QE[U] + Q^2 - (E[D])^2 \\
&= E[O^2] + 2(Q-E[D])E[O] + E[D^2] - (E[D])^2 \\
&= E[O^2] + 2(Q-\mu)E[O] + \mathrm{Var}(D)
\end{aligned}
$$

所以，

$$
BE = \frac{\mathrm{var(order)}}{\mathrm{var}(D)} = 1 + \frac{E[O^2] + 2(Q-\mu)E[O]}{\mathrm{var}(D)} \qquad (6.5)
$$

由式（6.5）可知，在需求是独立同分布随机变量的假设下，牛鞭效应与提前期（l^R 和 l^E）和库存策略参数（S）之间是相互独立的。令 $\Theta[Q] = E[O^2] + 2(Q-\mu)E[O]$，因此，$BE = 1 + \dfrac{\Theta[Q]}{\mathrm{var}(D)}$。因为

$$
\frac{\mathrm{d}E[O^k]}{\mathrm{d}Q} = E\left[\int_0^{O+Q} k(O+Q-x)^{k-1}f(x)\,\mathrm{d}x\right] > 0, k = 1,2,\cdots
$$

所以有

$$
\frac{\mathrm{d}\Theta(Q)}{\mathrm{d}Q} = E\left[4\int_0^{O+Q}(O+Q-x)f(x)\,\mathrm{d}x + 2(Q-\mu)F(O+Q)\right]
$$

因为 $E\left[4\int_0^{O+Q}(O+Q-x)f(x)\,\mathrm{d}x\right] > 0$，但是 $E\left[2(Q-\mu)F(O+Q)\right] < 0$，所以 $\dfrac{\mathrm{d}\Theta(Q)}{\mathrm{d}Q}$ 可能不是关于 Q 的单调函数，其中 $Q \in [0,\mu]$。很明显，$\dfrac{\mathrm{d}\theta(Q)}{\mathrm{d}Q}\bigg|_{Q=\mu^-} > 0$ 并且 $\dfrac{\mathrm{d}\theta(Q)}{\mathrm{d}Q}\bigg|_{Q=0} < 0$，因为在 $Q=0$ 时，$E\left[4\int_0^{O+Q}(O+\right.$

$Q - x) f(x) \, \mathrm{d}x \Big] \ll E \big[2(\mu - Q) F(O + Q) \big]$。因此，BE 不是关于 Q 的单调函数。

　　最后，我们通过数值算例展示 BE 与 Q 的关系。令需求服从 $\lambda = 0.1$ 的指数分布，绘制 BE 与 Q 的关系图见图 6.1 和图 6.2。可以发现，当 $Q < 4$ 时，BE 随着 Q 的增大而减小（见图 6.2）；当 $Q \geqslant 4$ 时，BE 随着 Q 的增大而增大（见图 6.1）。因此，在该算例下，牛鞭效应在 $Q = 4$ 时达到最小。

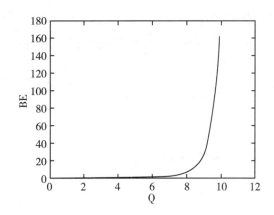

图 6.1　在 $[0, 10)$ 区间上的 BE 与 Q 的关系

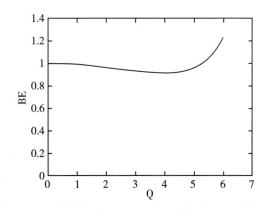

图 6.2　在 $[0, 6)$ 区间上的 BE 与 Q 的关系

6.4 基于麦克劳林级数的数值算法及数值算例

本节根据式（6.4）设计了基于麦克劳林级数的数值算法，用来有效计算 $E[O^k]$。假设 $E[O^k]$ 可以在 $Q=0$ 处展开为：

$$E[O^k] = \sum_{i=1}^{\infty} y_{ki} Q^i \qquad (6.6)$$

将式（6.4）右边的 $E[O^{i+k+1-r}]$ 也做麦克劳林展开，然后比较式（6.4）和式（6.6）中的 $Q^{i(i=1,2,\cdots)}$ 的系数，可以得到

$$y_{ki} = \begin{cases} 0, & i \leqslant k \\ \alpha_{k(i-k-1)}, & i = k+1 \\ \alpha_{k(i-k-1)} + \sum_{j=0}^{i-k-2} \alpha_{kj} \sum_{r=0}^{j+k} \binom{i+k+1}{r} y_{(j+k+1+r)(i-r)}, & i > k+1 \end{cases}$$

$$(6.7)$$

其中 $k=1$，2，$\cdots$。下面通过表 6.1 来说明如何根据式（6.7）来计算 y_{ki}。

表 6.1　　　　麦克劳林级数系数 y_{ki} 的计算

矩	Q	Q^2	Q^3	$\cdots$	Q^i
$E[O]$	0	【1】$y_{12}=\alpha_{10}$	【3】$y_{13}=\alpha_{10}\binom{2}{0}y_{23}+$ $\alpha_{10}\binom{2}{1}y_{12}+\alpha_{11}$	$\cdots$	$(i(i-1)/2)$
$E[O^2]$	0	0	【2】$y_{23}=\alpha_{20}$	$\cdots$	$(i(i-1)/2-1)$
$E[O^3]$	0	0	0	$\cdots$	$(i(i-1)/2-2)$
$\vdots$	$\vdots$	$\vdots$	$\vdots$	$\vdots$	$\vdots$

注：表中【 】里的数字表示执行相应计算的次序。

另外，$E[O^k]$ 的麦克劳林级数可能有一个收敛半径，因此，如果 Q 落在收敛区域之外，级数就会发散，此时，可以使用帕德逼近来克服这个困难。一旦基于上述算法计算得到 $E[O^k]$，就可以计算出 $E[X^k]$ 为：

$$E[X^k] = E[(O + \hat{S} + Q - D)^k]$$

$$= \sum_{j=0}^{k} \sum_{i=0}^{j} \frac{(-1)^i (\hat{S} + Q)^{j-i} k!}{(k-j)!(j-i)!i!} E[O^{k-j}] E[D^i], k = 1, 2, \cdots$$

接下来，通过两个例子来验证本节提出的数值算法的有效性。在第一个例子中，需求服从均值为 $1/\lambda$ 的 k 阶埃尔朗分布（注意，当 $k=1$ 时，埃尔朗分布即退化为指数分布）；在第二个例子中，需求服从 k 阶超指数分布，其密度函数为 $\sum_{i=1}^{k} p_i \lambda_i e^{-\lambda_i x}$，$x \geqslant 0$。再设置 $l^R = 3$，$l^E = 1$，$c^R = 9$，$c^E = 10$，$h = 1$，$b = 2$。在第一个例子中进行 12 组数值试验，在第二个例子中进行 8 组数值试验。使用本节的数值算法以及仿真方法，分别得到 O 的前两阶矩的结果以及库存成本。对于每组参数，仿真方法重复运行 50 次，每次运行 1000 万个周期，仿真结果的变异系数（标准差/平均值）在 0.6% 以内。所有的算例是在一台 2.3GHz Intel Core(TM) i7 处理器、8gb RAM 的笔记本电脑上运行的，本节的数值算法和仿真方法在每组参数下的平均计算时间分别为 0.366 秒和 162.220 秒。对于数值算法，在大多数情况下将麦克劳林级数的系数 N 设为 20。表 6.2 和表 6.4 给出了 O 的前两阶矩的计算结果，表 6.3 和表 6.5 给出了库存成本的计算结果。从表 6.2 ~ 表 6.5 可见，本节的数值算法在所有试验中都表现得非常好，与仿真结果相比误差很小。如果使用更大数量的 N 或使用帕德逼近，本节的数值算法的计算准确性可以得到进一步的提高。

表 6.2   **埃尔朗分布下 O 的前两阶矩的计算结果**

k	λ	Q	S	$E[O]$		$E[O^2]$	
				数值算法	仿真方法	数值算法	仿真方法
1	0.05	5	10	0.8333	0.8333	4.1667	4.1666
		3	9	0.2647	0.2647	0.6696	0.6698
	0.25	1	2	0.1667	0.1667	0.1667	0.1667
		0.5	1.5	0.0357	0.0357	0.0145	0.0145
2	0.05	5	10	0.1897	0.1897	0.5647	0.5646
		3	9	0.0412	0.0412	0.0667	0.0667
	0.25	1	2	0.0379	0.0379	0.0226	0.0226
		0.5	1.5	0.0048	0.0048	0.0013	0.0013
3	0.05	5	10	0.0608	0.0608	0.1376	0.1376
		3	9	0.0089	0.0089	0.0113	0.0113
	0.25	1	2	0.0122	0.0122	0.0055	0.0055
		0.5	1.5	0.0009	0.0009	0.0002	0.0002

表 6.3   **埃尔朗分布下库存成本的计算结果**

k	λ	Q	S	库存成本	
				数值算法	仿真方法
1	0.05	5	10	206.6916	206.6205
		3	9	230.5927	230.7056
	0.25	1	2	41.3383	41.3334
		0.5	1.5	47.6456	47.6345
2	0.05	5	10	202.6750	202.7155
		3	9	227.5490	227.5082
	0.25	1	2	40.5350	40.5458
		0.5	1.5	47.1878	47.2013
3	0.05	5	10	201.2956	201.2512
		3	9	226.6319	226.5356

续表

k	λ	Q	S	库存成本	
				数值算法	仿真方法
3	0.25	1	2	40.2591	40.2689
		0.5	1.5	47.0664	47.0567

表 6.4　　　　超指数分布下 O 的前两阶矩的计算结果

k	(p_1, p_2, p_3, p_4)	$(\lambda_1, \lambda_2, \lambda_3, \lambda_4)$	Q	S	$E[O]$		$E[O^2]$	
					数值算法	仿真方法	数值算法	仿真方法
2	(0.5, 0.5, -, -)	(0.05, 0.1, -, -)	2	4	0.1751	0.1751	0.2951	0.2951
			0.5	1.5	0.0097	0.0097	0.0034	0.0034
	(0.3, 0.7, -, -)	(0.25, 0.5, -, -)	2	4	4.0264	4.0242	37.8282	37.8084
			0.5	1.5	0.0669	0.0669	0.0313	0.0313
4	(0.2, 0.3, 0.4, 0.1)	(0.05, 0.1, 0.25, 0.5)	2	4	0.5353	0.5354	1.2992	1.2999
			0.5	1.5	0.0258	0.0258	0.0099	0.0099
	(0.3, 0.2, 0.2, 0.3)	(0.1, 0.4, 0.2, 0.3)	2	4	0.8256	0.8255	2.4770	2.4767
			0.5	1.5	0.0337	0.0337	0.0135	0.0135

表 6.5　　　　超指数分布下库存成本的计算结果

k	(p_1, p_2, p_3, p_4)	$(\lambda_1, \lambda_2, \lambda_3, \lambda_4)$	Q	S	库存成本	
					数值算法	仿真方法
2	(0.5, 0.5, -, -)	(0.05, 0.1, -, -)	2	4	179.6341	179.5984
			0.5	1.5	201.2017	201.2641
	(0.3, 0.7, -, -)	(0.25, 0.5, -, -)	2	4	14.1599	14.1669
			0.5	1.5	28.4431	28.4484
4	(0.2, 0.3, 0.4, 0.1)	(0.05, 0.1, 0.25, 0.5)	2	4	94.8344	94.8541
			0.5	1.5	114.6833	114.6844
	(0.3, 0.2, 0.2, 0.3)	(0.1, 0.4, 0.2, 0.3)	2	4	49.6876	49.6798
			0.5	1.5	68.6108	68.6216

6.5 基于无穷维线性方程组的数值算法及数值
算例

本节基于一组无穷维的线性方程组来计算 $E[O^k]$。为了表达的方便，这里称该算法为数值算法 2，称 6.4 节提出的算法为数值算法 1。考虑如下无穷维的线性方程组：

$$\begin{bmatrix} \xi_1 \\ \xi_2 \\ \xi_3 \\ \xi_4 \\ \vdots \end{bmatrix} - \begin{bmatrix} a_{11} & a_{12} & a_{13} & a_{14} & \cdots \\ a_{21} & a_{22} & a_{23} & a_{24} & \cdots \\ a_{31} & a_{32} & a_{33} & a_{34} & \cdots \\ a_{41} & a_{42} & a_{43} & a_{44} & \cdots \\ \vdots & \vdots & \vdots & \vdots & \end{bmatrix} \begin{bmatrix} \xi_1 \\ \xi_2 \\ \xi_3 \\ \xi_4 \\ \vdots \end{bmatrix} = \begin{bmatrix} \gamma_1 \\ \gamma_2 \\ \gamma_3 \\ \gamma_4 \\ \vdots \end{bmatrix} \qquad (6.8)$$

其中 ξ_i 是变量，a_{ij} 和 γ_i 是参数。由本书的引理 2.1 可知，当条件 $\sum\limits_{i=1}^{\infty} \sum\limits_{j=1}^{\infty} |a_{ij}|^2 < \infty$ 成立时，式（6.8）存在唯一有界解，而式（6.4）是式（6.8）的一个特例，因此，式（6.4）也有唯一有界解，这就意味着可以通过求解一个有限维的线性方程组直接计算得到 $E[O^k]$。

但是，该数值算法有一个收敛性条件，即：$\sum\limits_{i=1}^{\infty} \sum\limits_{j=1}^{\infty} |a_{ij}|^2 < \infty$，如果这个条件不成立，该数值算法将发散。对于该算法，与参数 Q、s 和 N（有限维线性方程组的维度）相关的计算复杂度分别是 $O(c)$、$O(c)$ 和 $O(N^2)$。

接下来，通过数值算例来验证本节提出的数值算法的有效性。这些数值算例都是在 $1.60 \sim 2.11\mathrm{GHz}$、Intel i5 – 10210U 处理器、16GB RAM 的笔记本电脑上测试的。假设需求服从均值为 $1/\lambda$ 的 k 阶埃尔

朗分布（注意，当 $k=1$ 时，埃尔朗分布即退化为指数分布）。针对不同的参数组合，我们一共做了 16 组数值试验。针对 O 的前两阶矩，我们将本节提出的数值算法 2、6.4 节提出的数值算法 1 以及仿真方法三者的计算结果进行比较。对于每组参数，仿真方法重复运行 50 次，每次运行 1000 万个周期，仿真结果的变异系数（标准差/平均值）在 0.6% 以内。数值算法 1 和数值算法 2 的计算结果呈现在表 6.6 中，仿真方法的计算结果呈现在表 6.7 中。表 6.6 中的 N 表示数值算法 2 所需的线性方程组的最小维度，或者是数值算法 1 中用于确保算法收敛性的麦克劳林级数的最小系数数量。两个表中的时间均以秒为单位。由表 6.6 和表 6.7 可知，与仿真方法的计算结果相比，两种数值算法的计算误差都很小，不过，本节提出的数值算法 2 比数值算法 1 更精确一点，且计算时间也明显更短。需要指出的是，表 6.6 中的部分计算时间为 0.000，表示计算时间小于 0.0005 秒。然而，两种数值算法都分别在 4 组数值试验中出现了发散的情况。实践中，我们可以在调用数值算法 2 之前检查收敛性条件 $\sum\limits_{i=1}^{\infty}\sum\limits_{j=1}^{\infty}|a_{ij}|^2<\infty$ 是否成立，并找出其收敛域。如果我们要研究的系统定义域超出了算法收敛域范围，那么可以转用数值算法 1（如果该算法是收敛的），如果数值算法 1 也不收敛，那么我们只能使用仿真方法作为替代。

表 6.6　　　　　　　　两种数值算法的计算结果

k	λ	Q	数值算法 2				数值算法 1			
			$E[O]$	$E[O^2]$	N	时间	$E[O]$	$E[O^2]$	N	时间
1	0.05	2.5	0.1786	0.3614	10	0.000	0.1786	0.3614	10	0.001
		5	0.8333	4.1667	10	0.000	0.8333	4.1667	20	0.024
		10	5.0000	83.3333	20	0.001	4.9999	83.3199	30	0.140
		15	—	—	—	—	22.4998	1237.3863	80	15.106

k	λ	Q	数值算法 2				数值算法 1			
			$E[O]$	$E[O^2]$	N	时间	$E[O]$	$E[O^2]$	N	时间
1	0.25	0.5	0.0357	0.0145	10	0.000	0.0357	0.0145	10	0.001
		1	0.1667	0.1667	10	0.000	0.1667	0.1667	20	0.026
		2	1.0000	3.3333	10	0.000	1.0000	3.3333	40	0.547
		3	—	—	—	—	4.5000	49.4955	80	15.083
2	0.05	2.5	0.0240	0.0318	10	0.000	0.0240	0.0318	20	0.026
		5	0.1897	0.5645	10	0.000	0.1897	0.5653	50	1.809
		10	1.7674	15.6592	30	0.002	—	—	—	—
		15	—	—	—	—				
	0.25	0.5	0.0048	0.0013	10	0.000	0.0048	0.0013	10	0.001
		1	0.0379	0.0226	10	0.000	0.0379	0.0225	40	0.542
		2	0.3535	0.6264	30	0.002	—	—	—	—
		3	—	—	—	—	—	—	—	—

表 6.7 仿真方法的计算结果

k	λ	Q	仿真方法		
			$E[O]$	$E[O^2]$	时间
1	0.05	2.5	0.1786	0.3616	58.032
		5	0.8334	4.1674	59.300
		10	5.0005	83.3584	61.832
		15	22.5047	1238.0171	60.529
	0.25	0.5	0.0357	0.0145	59.541
		1	0.1667	0.1667	60.596
		2	0.9999	3.3322	61.793
		3	4.4996	49.5061	60.219

续表

k	λ	Q	仿真方法		
			$E[O]$	$E[O^2]$	时间
2	0.05	2.5	0.0240	0.0318	113.658
		5	0.1898	0.5648	111.715
		10	1.7676	15.6598	112.474
		15	9.8545	274.4772	113.880
	0.25	0.5	0.0048	0.0013	111.485
		1	0.0379	0.0226	110.673
		2	0.3535	0.6264	119.684
		3	1.9709	10.9791	116.554

6.6　基于 CBFGS 算法的数值优化

本节基于 6.5 节的数值算法计算 TBS 双源库存系统的库存成本，结合 CBFGS 算法来优化 TBS 库存策略的参数，并通过数值试验来验证基于 CBFGS 的数值优化算法在该库存系统策略优化中的效果。回顾该库存系统的总成本函数为：

$$
\begin{aligned}
G(Q,S) &= c^R Q + c^E E[U] + h E[V] + b E[W] \\
&= c^R Q + c^E (E[D] - Q) + b\{(l^E + 1)E[D] - E[O] - S - Q\} \\
&\quad + (h + b) \left(\sum_{j=0}^{\infty} \frac{\alpha_{1j}}{(l^E + 1)^{j+1}} \sum_{l=0}^{j+2} \sum_{i=0}^{l} \frac{S^{l-i}(j+2)! Q^i E[O^{j+2-l}]}{(j+2-l)!(l-i)!i!} \right)
\end{aligned}
$$

显然，$G(Q,S)$ 关于 S 的导数可以直接计算，具有解析形式，关于 Q 的导数只能通过使用有限差分法（即根据导数的定义）来做计算。我

们可以计算得到 $G(Q,S)$ 关于 S 和 Q 的一阶导数和二阶导数，因此，基于梯度的优化算法，诸如最速下降法和牛顿法，都可以用来寻找 S 和 Q 的最优值。与 4.3 节类似，我们采用 CBFGS 算法与 6.5 节的数值算法相结合，来优化 TBS 库存策略的参数。$G(Q,S)$ 关于 Q 和 S 的一阶导数可以表达为：

$$\frac{\partial G(Q,S)}{\partial Q} = \frac{G\left(Q + \frac{\Delta Q}{2}, S\right) - G\left(Q - \frac{\Delta Q}{2}, S\right)}{\Delta Q}$$

$$\frac{\partial G(Q,S)}{\partial S} = -b + (h + b)\left(\sum_{j=0}^{\infty} \frac{\alpha_{1j}}{(l^E + 1)^{j+1}}\right.$$

$$\left. \sum_{l=0}^{j+2} \sum_{i=0}^{l-1} \frac{S^{l-i-1}(j+2)! Q^i E\left[O^{j+2-l}\right]}{(j+2-l)!(l-i-1)!i!}\right)$$

接下来，我们展示基于 CBFGS 的数值优化算法的详细步骤。

步骤 1：令 $k = 0$。选择一个初始点 $\mathbf{x}_0 = (Q_0, S_0) \in \mathbb{R}^2$，一个初始对称正定矩阵 $\mathbf{B}_0 \in \mathbb{R}^{2 \times 2}$，$0 < \beta_1 < \beta_2 < 1$，$\epsilon > 0$。

步骤 2：计算梯度 $\mathbf{g}_k = \left(\frac{\partial G(Q,S)}{\partial Q}\bigg|_{\mathbf{x}_k = (Q_k, S_k)}, \frac{\partial G(Q,S)}{\partial S}\bigg|_{\mathbf{x}_k = (Q_k, S_k)}\right)$。如果 $\|\mathbf{g}_k\| \leq \epsilon$，则算法停止；否则，解线性方程 $\mathbf{B}_k \mathbf{d}_k + \mathbf{g}_k = 0$，得到 $\mathbf{d}_k$。

步骤 3：使用以下规则确定步长 $\mathbf{d}_k > 0$：

$$\begin{cases} G(\mathbf{x}_k + \alpha_k \mathbf{d}_k) \leq G(\mathbf{x}_k) + \alpha_k \beta_1 \mathbf{g}_k^{\mathrm{T}} \mathbf{d}_k \\ G(\mathbf{x}_k + \alpha_k \mathbf{d}_k) \geq G(\mathbf{x}_k) + \alpha_k \beta_2 \mathbf{g}_k^{\mathrm{T}} \mathbf{d}_k \end{cases}$$

步骤 4：更新搜索点 $\mathbf{x}_{k+1} = \mathbf{x}_k + \alpha_k \mathbf{d}_k$。

步骤 5：更新矩阵 $\mathbf{B}_{k+1}$：

$$\mathbf{B}_{k+1} = \begin{cases} \mathbf{B}_k - \dfrac{\mathbf{B}_k \mathbf{s}_k \mathbf{s}_k^{\mathrm{T}} \mathbf{B}_k}{\mathbf{s}_k^{\mathrm{T}} \mathbf{B}_k \mathbf{s}_k} + \dfrac{\mathbf{y}_k \mathbf{y}_k^{\mathrm{T}}}{\mathbf{y}_k^{\mathrm{T}} \mathbf{s}_k}, & \text{若 } \dfrac{\mathbf{y}_k^{\mathrm{T}} \mathbf{s}_k}{\|\mathbf{s}_k\|^2} \geq \delta \|\mathbf{g}_k\|^u \\ \mathbf{B}_k, & \text{否则} \end{cases}$$

其中 $\mathbf{s}_k = \mathbf{x}_{k+1} - \mathbf{x}_k$，$\mathbf{y}_k = \mathbf{g}_{k+1} - \mathbf{g}_k$，$\delta > 0$，$u > 0$。

步骤 6：令 $k = k + 1$，返回步骤 2。

下面，通过数值算例验证基于 CBFGS 的数值优化算法的优化效果和计算效率。令 $l^E = 3$，$l^R = 1$，$\beta_1 = 0.01$，$\beta_2 = 0.6$，并针对 c^R、c^E、h、b 和需求分布参数 λ（需求分布与 6.5 节一样，使用 1 阶和 2 阶埃尔朗分布）设置了 8 组试验。算法的最大迭代次数为 1000 次。我们将本节提出的数值优化算法的运行结果与"暴力"穷举搜索法的结果进行比较。在穷举搜索法中，使用仿真方法来评估 $G(Q,S)$ 的值。搜索的范围是：（1）当 $\lambda = 0.05$ 时，$(Q,S) \in [0,20] \times [0,40]$；（2）当 $\lambda = 0.25$ 时，$(Q,S) \in [0,5] \times [0,20]$。搜索的步长为 $\Delta Q = \Delta S = 0.01$。通过穷举搜索，找到使 $G(Q,S)$ 最小的 (Q^*,S^*)。在所有 8 组试验中，最优的 (Q,S) 值都落在搜索区域内。在本节的数值优化算法中，当需求服从 1 阶埃尔朗分布时，令 $N = 20$，当需求服从 2 阶埃尔朗分布时，令 $N = 100$。我们使用 CBFGS 算法在搜索区域（数值算法 2 的收敛域）内寻找最优的 (Q,S) 的数值，算法的搜索区域为：（1）当 $\lambda = 0.05$ 时，$(Q,S) \in (-\infty,12.4] \times (-\infty, +\infty)$；（2）当 $\lambda = 0.25$ 时，$(Q,S) \in (-\infty,2.5] \times (-\infty, +\infty)$。数值算例的计算结果见表 6.8。由表 6.8 可知，基于 CBFGS 的数值优化算法得到的结果与使用穷举搜索法得到的结果非常接近，并且数值优化算法只需要花费 0.05 秒至数秒的时间就计算出一个结果（计算时间主要取决于 N 的数值），但穷举搜索法通常需要几个小时才能得到一个结果。

表 6.8　　　最优的 (Q, S) 和 $G(Q, S)$ 的计算数值

k	(c^R, c^E, h, b)	λ	基于 CBFGS 的数值优化		穷举搜索	
			(Q^*, S^*)	$G(Q^*, S^*)$	(Q^*, S^*)	$G(Q^*, S^*)$
1	(19, 20, 4, 5)	0.05	(12.01, 22.12)	486.9883	(12.02, 22.08)	486.8814
		0.25	(2.40, 4.42)	97.3977	(2.41, 4.41)	97.3766

续表

k	(c^R, c^E, h, b)	λ	基于 CBFGS 的数值优化		穷举搜索	
			(Q^*, S^*)	$G(Q^*, S^*)$	(Q^*, S^*)	$G(Q^*, S^*)$
1	(19, 20, 5, 4)	0.05	(11.68, 15.57)	480.9321	(11.67, 15.59)	480.8332
		0.25	(2.34, 3.11)	96.1864	(2.34, 3.11)	96.1665
2	(9, 10, 2, 4)	0.05	(11.24, 26.62)	278.8868	(11.23, 26.63)	278.8241
		0.25	(2.25, 5.32)	55.7774	(2.24, 5.34)	55.7642
	(9, 10, 4, 2)	0.05	(9.62, 2.67)	257.3969	(9.63, 2.66)	257.3466
		0.25	(1.92, 0.53)	51.4794	(1.92, 0.54)	51.4688

6.7 本章小结

本章考察了 TBS 双源库存系统，发现能够有效计算 (s, S) 库存系统的库存水平和成本的两种数值算法也能有效计算 TBS 双源库存系统的库存水平和成本，其中一种算法基于麦克劳林级数，另一种算法基于一个无穷维的线性方程组。使用上述两种数值算法，我们还可以计算 TBS 双源库存系统的库存成本关于库存策略参数的导数，从而可以结合梯度优化方法设计基于梯度的数值优化算法，用以确定 TBS 库存策略参数的最优值。尽管我们的数值算法存在收敛性条件，但是，只要在收敛域内，该基于梯度的数值优化算法均表现优秀。

第7章 具有折扣可变成本和有限订购的定期盘点库存系统

本章研究一个具有有限订购的定期补货库存系统，并且假设当订货量达到订货上限时，订货变动成本可以打折扣，该库存系统的目标为最大化长期总利润。基于强 CK – 凹的性质，可以证明该系统的最优定价与补货策略由一个 (S, S', p) 策略部分地刻画，且该策略依赖于每个阶段的初始库存水平的数值。数值试验验证了该定价与补货策略的最优性。

7.1 问题的背景

在商业实践中，有限订购和价格折扣是常见的两种销售策略。一方面，如果商品很畅销，往往意味着供小于求，此时，供应商的供应能力有限，采购方的采购量便会受到限制。另一方面，如果商品遇到滞销的情况，即供过于求，此时，供应商往往采取提供价格折扣的策略来促进商品的销售。因此，在传统上，有限订购策略和价格折扣策略不会被同时实施。

然而，在直播销售市场，有限订购策略和价格折扣策略却能被完美地统一在一起。在中国的淘宝直播、抖音直播等直播销售平台上，供应商通常会提供低于实体店和传统网店的销售价格，同时供应量也是有限的，他们的目的是促销和宣传而不是盈利。这些直播间，尤其是网红直播间，往往能吸引数十万、百万甚至千万用户同时在线收看直播。为了能够促销商品，使得更多的消费者可以买到商品，供应商常常限制每个直播间的订购量；同时，为了营销和推广商品，供应商还常常提供很低的销售价格，这些价格比实体店和传统网店的售价都要低。进一步地，很多供应商还提供数量折扣，以吸引消费者购买更多数量的商品，从而享受更大的优惠。比如，一种典型的直播销售策略如下：如果只买一件商品，那么售价为官方原价，但是，若多买一件，则第二件打对折，若再买第三件，则第三件为 0.1 元，等等。有些时候，买方的购买量只有达到订购上限时才能享受数量折扣，但是，即使如此，商品仍然很快地销售一空（这也是本章所研究的问题背景）。因此，在这些直播销售平台上，有限订购策略和价格折扣策略被很好地统一起来。

此外，我们还可以观察到在供应链实践当中存在的其他有限订购和价格折扣共存的场景。一方面，供应商通常会出于生产、库存或运输能力限制，或为了避免买方依赖，而对订购设定数量限制。另一方面，供应商偏好大批量订单，并当买方的订购量超过某一阈值时给予一定的价格折扣。例如，国内知名手机品牌商小米惯用"饥饿营销"策略销售其手机，限制分配给每个分销商的手机商品的数量，但同时也为分销商提供数量折扣。当同时考虑有限订购和价格折扣时，对于订购者而言，经典的 (s, S) 策略不再是最优的，本章将研究该库存系统的最优策略。

7.2　模型的建立

针对一个定期补货库存系统，其每一阶段的最大订货量为 C。假

设有 N 个阶段，从阶段 1 到阶段 N，在每一阶段，当订货量小于 C 时，每单位变动订货成本为 c，当订货量等于 C 时每单位变动订货成本为 c_1，$c_1 < c$。我们还假设订货提前期为 0，这意味着当需求达到时，所订购的商品也会在这一阶段初瞬间到达。我们进一步假设随机需求具有价格依赖性，这意味着 $D_n(p_n)$ 由 p_n 所决定。跟佩特鲁齐和达达（Petruzzi & Dada，1999）、陈和辛奇 – 利维（Chen & Simchi-Levi，2004）的研究类似，我们同样使用加法型需求。最后，假设阶段 n 的销售价格为 p_n，该阶段的需求则定义为

$$D_n(p_n) = d(p_n) + \varepsilon_n$$

其中 ε_n 是随机变量且均值为 0。阶段 n 的销售价格 p_n 定义在区间 $[\underline{p}, \bar{p}]$ 上，且为一个决策变量。$d(p_n)$ 为平均需求，是 p_n 的减函数。所以，当 p_n 从 $\bar{p}$ 降到 $\underline{p}$，$d(p_n)$ 将会从 $d(\bar{p})$ 提高到 $d(\underline{p})$。为了简单起见，令 $\bar{d} = d(\bar{p})$，$\underline{d} = d(\underline{p})$，且 $p = p(d)$ 为 $d(p)$ 的逆函数，意味着 $p(d)$ 随着 d 的增大而减小。因此，期望收益给定为

$$R(d) = dp(d)$$

假设 $d(p)$ 是连续凹函数，并且具有连续逆函数，因此，期望收益 $R(d)$ 也是凹函数。例如，如果 $d(p_n)$ 是关于 p_n 的线性递减函数，那么显然 $R(d)$ 是关于 d 的凹函数。

每一阶段事件的发生顺序为：（1）检查库存水平；（2）下单订货；（3）订单到达；（4）制定销售价格；（5）随机需求到达；（6）计算库存成本。假设在库库存水平是 x_n，在库库存加上新到货后的库存水平为 y_n，缺货将会在后续阶段完全补上。因为订货量有限制，所以

$$x_n \leqslant y_n \leqslant x_n + C$$

在每个阶段的期末，假设库存水平为 z，则成本为 $G(z)$，这是关于 z

的凸函数，当 $z \geqslant 0$ 则 $G(z)$ 是库存持有成本，当 $z < 0$ 则 $G(z)$ 是缺货成本。给定阶段 n 的期望需求为 D_n，则阶段 n 的期望库存持有和缺货成本为 $G(y_n - D_n)$。那么阶段 n 的期望总库存成本可以表示为

$$c(y_n - x_n)1[x_n \leqslant y_n \leqslant x_n + C] + c_1 C 1[y_n = x_n + C] + E[G(y_n - D_n)]$$

其中 $1[A]$ 是示性函数，若 A 为真则其取值为 1，否则其取值为 0。

令订购商品达到之前的库存水平为 x_n，$W_n(x_n)$ 为从阶段 n 到最后一个阶段结束时的最大期望总折扣利润。假设 α 是每阶段的资金折扣率，且 $\alpha \in [0, 1]$。那么该系统的最优等式将由下式给出：

$$W_n(x_n) = \max_{x_n \leqslant y_n \leqslant x_n + C} \max_{d_n \in [\underline{d}, \overline{d}]} \{R(d_n) - c(y_n - x_n)1[x_n \leqslant y_n \leqslant x_n + C] - c_1 C \cdot$$
$$1[y_n = x_n + C] - E[G(y_n - d_n - \varepsilon_n)] + \alpha E[W_{n+1}(y_n - d_n - \varepsilon_n)]\}$$

其目标为在 N 个阶段内构建最优的定价与订货策略，以最大化期望总折扣利润。其终止条件为 $W_{N+1}(x) \equiv 0$。

7.3 最优策略分析

为了求得上述系统的最优策略，需要再做一些假设。我们注意到，如果订货量达到订购上限，则单位订购成本将会打个折扣，这意味着当订货量达到 C，成本将会降低 $(c - c_1)C$。为了方便起见，令 $K = (c - c_1)C$。那么，最优方程 $W_n(x_n)$ 将变形为

$$W_n(x_n) = \max_{x_n \leqslant y_n \leqslant x_n + C} \max_{d_n \in [\underline{d}, \overline{d}]} \{R(d_n) - K1[x_n \leqslant y_n \leqslant x_n + C] - c(y_n - x_n)$$
$$+ K - E[G(y_n - d_n - \varepsilon_n)] + \alpha E[W_{n+1}(y_n - d_n - \varepsilon_n)]\}$$

假设 $u_n = -x_n - C$，$v_n = -y_n$，$L_n(u_n) = W_n(-u_n - C)$，那么将有

$$L_n(u_n) = K - c(u_n + C) + \max_{u_n \leq v_n \leq u_n + C} \max_{d_n \in [\underline{d}, \overline{d}]} \{ R(d_n) - K1[v_n > u_n] + cv_n$$
$$- E[G(-v_n - d_n - \varepsilon_n)] + \alpha E[L_{n+1}(v_n - C + d_n + \varepsilon_n)] \}$$

接下来引入强 CK - 凹的定义，该定义对于证明上述系统的最优策略具有关键的作用（Chao et al.，2012）。

定义 7.1　针对函数 $g(\cdot): \mathbb{R} \to \mathbb{R}$，如果对所有的 $a \geq 0$，$b > 0$ 以及 $z \in [0, C]$，有 $\dfrac{z}{b} g(y-a) + g(y) \geq \dfrac{z}{b} g(y-a-b) + g(y+z) - K$ 成立，那么函数 $g(\cdot)$ 为强 CK - 凹。

根据赵等（Chao et al.，2012），强 CK - 凹具有以下性质：

（1）K - 凹是强 CK - 凹在 $C = \infty$ 和 $b = 0$ 时的特例。

（2）若 C，$K \geq 0$，则凹也是强 CK - 凹。

（3）若 G 是强 CK - 凹函数，则它也是强 DL - 凹函数，$0 \leq D \leq C$，$L \geq K$。

（4）若 G_i 是强 CK_i - 凹函数，$i = 1, 2$，则 $\alpha G_1 + \beta G_2$ 是强 $C(\alpha K_1 + \beta K_2)$ - 凹函数，$\alpha, \beta \geq 0$。

（5）若 G 是强 CK - 凹的函数，则 $E[G(y-X)]$ 也是强 CK - 凹的函数，只要 X 是存在均值的随机变量。

根据强 CK - 凹的定义以及赵等（Chao et al.，2012）的研究，容易证明得到引理 7.1。

引理 7.1　给定 $R(d_n)$ 是关于 d_n 的凹函数，$G(z)$ 是关于 z 的凸函数，那么 $L_n(u_n)$ 是 CK - 凹的，$n = 1, 2, \cdots, N$。

证明：假设 $L_{n+1}(u_{n+1})$ 是强 CK - 凹，容易证明 $L_n(u_n)$ 也是强 CK - 凹。注意到 $R(d_n)$ 是 d_n 的凹函数，$G(z)$ 是 z 的凸函数。假设

$$L_n'(v_n) = \max_{d_n \in [\underline{d}, \overline{d}]} \{ R(d_n) - E[G(-v_n - d_n - \varepsilon_n)] +$$
$$\alpha E[L_{n+1}(v_n - C + d_n + \varepsilon_n)] \}$$

根据赵等（Chao et al.，2012）的研究，很容易证明 $L'_n(v_n)$ 也是强 $CK-$凹。由于

$$L_n(u_n) = K - c(u_n + C) + \max_{u_n \le v_n \le u_n + C} \{ -K1[v_n > u_n] + cv_n + L'_n(v_n) \}$$

因此，基于赵等（Chao et al.，2012）的研究，$L_n(u_n)$ 也是强 $CK-$凹。因为 $W_{N+1}(x) \equiv 0$，所以，显然 $L_{N+1}(u) \equiv 0$，这意味着 $L_{N+1}(u_{N+1})$ 是强 $CK-$凹。因此，$L_n(u_n)$ 是强 $CK-$凹，$n = 1, 2, \cdots, N$。

接下来，证明该系统的最优策略可以由下述定理刻画。

定理 7.1　给定 $L_n(u_n)$ 是 $CK-$凹的。假设 x_n 是阶段 n 初始时的在库库存水平，y_n 是阶段 n 初始时的在库库存加上在途库存后的库存水平。$W_n(x_n)$ 的最优定价与订购策略由最优价格 $p_n^*(y_n)$ 和两个阈值 S_n 和 S'_n 所刻画，其中 $p_n^*(y_n)$ 依赖于 y_n，以及 $S_n \ge S'_n \ge 0$。如果 $S'_n + C \ge S_n$，那么最优订购策略可以刻画为：（1）若 $x_n > S'_n$，则不订货；（2）若 $S_n - C < x_n \le S'_n$，则最多订购到 S'_n 的数量；（3）若 $S'_n - C < x_n \le S_n - C$，则或者订购量为 C 或者最多订购到 S'_n 的数量；（4）若 $x_n \le S'_n - C$，则订购量为 C。如果 $S'_n + C < S_n$，那么最优订购策略可以刻画为：（1）若 $x_n > S_n - C$，则不订货；（2）若 $S'_n < x_n \le S_n - C$，则或者订购量为 C 或者不订货；（3）若 $S'_n - C < x_n \le S'_n$，则或者订购量为 C 或者最多订购到 S'_n 的数量；（4）若 $x_n \le S'_n - C$，则订购量为 C。

证明：因为 $L_n(u_n)$ 是 $CK-$凹的，根据赵等（Chao et al.，2012）的定理1，$L_n(u_n)$ 的最优策略可以由最优价格 $p_n^*(v_n)$ 和两个阈值 s_n 和 s'_n 所刻画，且 $p_n^*(v_n)$ 依赖于补货后的库存水平 v_n，$s_n \le s'_n$。

如果 $s'_n - C \le s_n$，那么最优订购策略为：（1）若 $u_n < s'_n - C$，则订购量为 C；（2）若 $s'_n - C \le u_n < s_n$，则下订单使得库存水平最少达到 s'_n 的数量；（3）若 $s_n \le u_n < s'_n$，则或者不订货或者下订单使得库存水平最少达到 s'_n 的数量；（4）若 $u_n \ge s'_n$，则不订货。

如果 $s_n' - C > s_n$，那么最优订购策略为：（1）若 $u_n < s_n$，则订购量为 C；（2）若 $s_n \leq u_n < s_n' - C$，则或者不订货或者订购量为 C；（3）若 $s_n' - C \leq u_n < s_n'$，则或者不订货或者下订单使得库存水平最少达到 s_n' 的数量；（4）若 $u_n \geq s_n'$，则不订货。

本定理可以基于上述 $L_n(u_n)$ 的最优策略来证明。本书只在 $S_n' + C \geq S_n$ 且 $x_n > S_n'$ 的场景下刻画 $W_n(x_n)$ 的最优策略，其他场景的最优策略的证明是类似的。若 $s_n' - C \leq s_n$ 且 $u_n < s_n' - C$，则 $L_n(u_n)$ 的最优订购策略是订购量为 C，这意味着 $v_n^* = u_n^* + C$。$u_n = -x_n - C$ 且 $v_n = -y_n$ 表明，当 $-x_n - C < s_n' - C$ 时，最优的订购策略为 $-y_n^* = -x_n^*$，即，最优的订购策略为不订货。进一步地，$u_n < s_n' - C$ 意味着 $x_n > -s_n'$，因此，当 $s_n' - C \leq s_n$ 且 $x_n > -s_n'$ 时，$L_n(x_n)$ 的最优订购策略是不订货。此外，最优价格 $p_n^*(y_n)$ 依赖于 y_n。为了表达的简洁，我们假设 $S_n' = -s_n'$，$S_n = -s_n$。因此，当 $S_n' + C \geq S_n$ 且 $x_n > S_n'$ 时，$W_n(x_n)$ 的最优订购策略为不订货。

7.4　数值试验

本节将通过数值试验验证 7.3 节所提出的最优策略，并且分析各类参数对最优策略和利润的影响。考察一个四阶段的库存问题，令资金折扣率 $\alpha = 0.9$。在阶段 n，需求函数的表达式为 $D_n(p_n) = d(p_n) + \varepsilon_n$，其中 $d(p_n) = 10 - p_n$，ε_n 是随机变量，其概率质量函数为 $P\{\varepsilon_n = 1\} = P\{\varepsilon_n = -1\} = 0.5$，$n = 1, 2, 3, 4$。因此，$R(d) = d(10 - d)$。其他参数赋值如下：单位持有成本 $h = 2$，单位缺货成本 $b = 4$，订购上限 $C = 10$，当订购量小于 C 时，可变单位订货成本 $c = 3$，当订货量等于 C 时，折扣可变单位订货成本 $c_1 = 2.5$。

7.4.1 折扣可变订货成本的灵敏度分析

我们先分析折扣可变单位订货成本 c_1 对最优定价与订购策略的影响。分析结果如图 7.1 ~ 图 7.3 所示，图中横轴为初始时刻的在库库存水平 x，x 的值从 -10 增加到 15，增长步长为 1。图 7.1 的纵轴为最优期望总折扣利润，图 7.2 的纵轴为最优补货后的库存水平 y，图 7.3 的纵轴为最优平均销售量 $d(x)$。

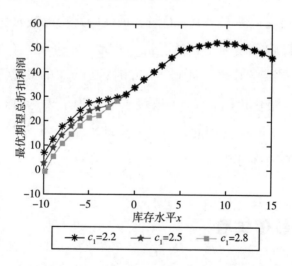

图 7.1　不同的 c_1 值下的最优总期望折扣利润

观察图 7.1，当初始时刻的在库库存水平 x 较小的时候，最优总期望折扣利润随着 x 的增大而增大。然而，当最优期望总折扣利润达到最大值之后，它将随着 x 的增大而减小。显然，库存系统利润不是初始时刻在库库存水平 x 的凹函数。另外，当 x 足够大的时候，最优总期望折扣利润并不随着折扣可变单位订货成本 c_1 的变化而变化。这是因为当 x 足够大时，最优订购量将总是比订购上限小。因此，c_1 的变化不会影响库存系统利润。

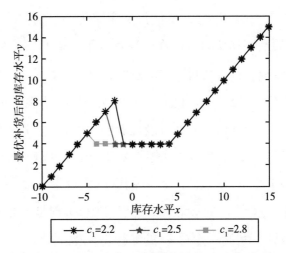

图 7.2　不同的 c_1 值下的最优补货后库存水平 y

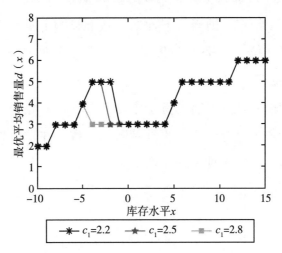

图 7.3　不同的 c_1 值下的最优平均销售量 $d(x)$

　　观察图 7.2，当初始时刻的在库库存水平 x 较小的时候，最优补货后库存水平 y 随着 x 的增大而增大。这是因为当 x 较小时，最优订购策略是下单量为订购上限。然后，随着 x 增大到 $S_n - C + 1$，y 将随之下降，究其原因，这一阶段的最优订购策略改变为最多订购到 S_n' 数量的商品。接着，当 $x > S_n - C$ 时，随着 x 的增大，y 仍然是非递减的，因为当 $S_n - C < x_n \leqslant S_n'$ 时，最优订购策略为最多订购到 S_n' 数量

的商品，以及当 $x_n > S'_n$ 时，最优订购策略为不订货。

观察图 7.3，当初始时刻的在库库存水平 $x \leqslant S_n - C$ 时，最优平均销售量 $d(x)$ 随着 x 的增大而增大。然而，当 $x = S_n - C + 1$ 时，$d(x)$ 将下降。之后，当 $x > S_n - C$，随着 x 的增大，$d(x)$ 保持非递减。进一步地，与图 7.2 相比，可以发现当最优补货后库存水平 y 保持不变时，$d(x)$ 也保持不变，其原因是最优售价 $p_n^*(y)$ 同时依赖于 y 和 $d(x)$。

此外，基于图 7.1 ~ 图 7.3，我们可以发现最优总期望折扣利润、最优补货后库存水平 y 和最优平均销售量 $d(x)$ 均是 c_1 的非递增函数。第一，显而易见，利润一定是 c_1 的非递增函数。第二，当订购量是 C 时，如果 c_1 较小，那么将会有更多的成本节约，因此，若初始时刻的在库库存水平 x 给定，则当 c_1 较小时，按照订购上限 C 进行订货一定是更佳的选择。第三，平均销售量 $d(x)$ 是 y 的非递减函数，因此，$d(x)$ 也是 c_1 的非递增函数。

最后，我们发现在所有的例子中，S'_1 总是与 S_1 相等，S'_1 和 S_1 都是 c_1 的非递增函数，这与我们的直觉判断相一致，并且折扣越大，最优订购量也越大。这些发现呈现于图 7.4。

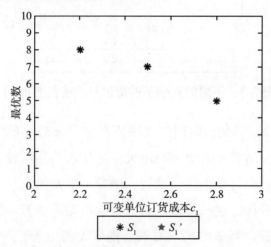

图 7.4　不同的 c_1 值下的最优订购策略阈值 S_1 和 S'_1

7.4.2 订购上限的灵敏度分析

我们再分析订购上限 C 对最优定价与订购策略的影响。分析结果如图 7.5 ~ 图 7.7 所示，图中的横轴为初始时刻的在库库存水平 x，x 的值仍是从 -10 增加到 15，增长步长为 1。图 7.5 的纵轴为最优期望总折扣利润，图 7.6 的纵轴为最优补货后的库存水平 y，图 7.7 的纵轴为最优平均销售量 $d(x)$。

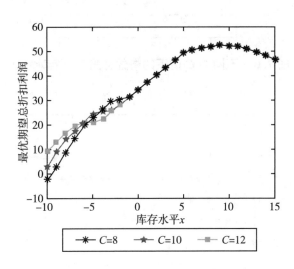

图 7.5 不同的 C 值下的最优总期望折扣利润

观察图 7.5，当初始时刻的在库库存水平 x 较小的时候，最优总期望折扣利润也是随着 x 的增大而增大，直至达到它的最大值之后开始减小。该变化趋势与图 7.1 的类似。然而，当 x 较小的时候，不同数值的 C 会对最优总期望折扣利润产生不同的影响。

观察图 7.6，当初始时刻的在库库存水平 $x \leqslant -s_n - C$ 时，最优补货后库存水平 y 随着 x 的增大而增大，因为在这个情况下 $y = x + C$ 总是成立的。当 $x = -s_n - C + 1$ 时，最优补货后库存水平 y 突然下降。

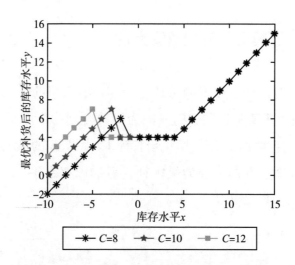

图 7.6   不同的 C 值下的最优补货后库存水平 y

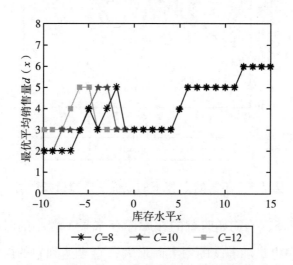

图 7.7   不同的 C 值下的最优平均销售量 $d(x)$

之后当 $x > -s_n - C$ 时，y 开始随着 x 单调非降。另外，在一些数值下也存在着最优策略为不订货的情形。上述观察与图 7.2 的结论类似。然而，当 x 较小的时候，不同数值的 C 会对最优补货后库存水平产生不同的影响。

观察图 7.7，当 $C=10$ 和 $C=12$ 时，观察到的现象与图 7.3 的类似。当初始时刻的在库库存水平 $x \leqslant -s_n - C$ 时，最优平均销售量 $d(x)$ 随着 x 的增大而增大。接着，当 $x = -s_n - C + 1$ 时，$d(x)$ 突然下降，之后当 $x > -s_n - C$ 时，$d(x)$ 开始随着 x 单调非降。但当 $C=8$ 时，曲线的变化与 $C=10$ 和 $C=12$ 时有些许不同，主要区别在于：在 $d(x)$ 开始随着 x 单调非降之前，曲线连续下跳两次。进一步地，与图 7.6 相比，在图 7.7 中，当最优补货后库存水平 y 保持不变时，$d(x)$ 也保持不变。

最后，我们同样发现在所有的例子中，S_1' 总是与 S_1 相等，S_1' 和 S_1 都是 C 的非递增函数。并且，$S_1' - C$ 随着 C 的增大而减小，这意味着为了享受数量折扣而需要订购的货物数量越大，最优订购量为 C 的情况则越少发生。这些发现如图 7.8 所示。

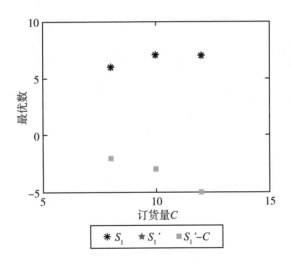

图 7.8　不同的 C 值下的最优订购策略阈值
S_1、S_1' 和 $S_1' - C$

7.5　本章小结

本章研究了一个具有可变成本和有限订购的定期盘点库存系统，订购价格和订购数量均为决策变量。本章证明了该系统的最优定价与补货策略由一个 (S, S', p) 策略所部分地刻画，且该策略依赖于每个阶段的初始库存水平的数值。S 和 S' 的最优值计算还有待设计有效的算法来实现。

第8章　库存与路径的联合优化

学术界把库存与路径的联合优化问题称为库存路径问题，这类问题研究如何协调库存管理和运输规划，是企业实施供应商管理库存策略需要解决的问题。本章提出了一种有车辆限制、直接配送的无限阶段三层随机库存路径问题，并运用马尔可夫决策规划解决此问题。通过把该问题分解成若干个具有马氏性的子问题，降低了运算难度，得到该问题的近似最优解。

8.1　问题的背景和描述

在企业的实践当中，库存成本与运输成本往往是同时进行优化的。比如，近年来，越来越多的企业采用供应商管理库存（vendor management inventory，VMI）策略对商品进行补货，该库存策略在减弱牛鞭效应、改善商品销售额和库存周转率方面具有巨大优势。VMI 策略的目标是要通过协调库存和运输活动，最终使得物流成本最小化。而这样一个对库存和运输成本进行联合优化的问题就是库存路径问题，它是实施 VMI 策略过程中的核心问题。

在需求随机的前提下，考察一个上级仓库和多个下级仓库，在优化仓库库存成本的同时，一并考虑优化上级仓库向下级仓库配送商品的运输成本。上级仓库的配送方式为直接配送，针对这个直接配送的二层随机库存路径问题，克莱维特等（Kleywegt et al.，2002）构建了一个马尔可夫决策过程模型，并通过动态规划近似算法进行求解。不过，企业的实践还提出了随机需求的三层库存路径问题。比如，某石油集团 A 分公司要从其所辖的十几个一级油库向所辖的数十个二级油库配送油品；同时，A 分公司还要向 B 油库提出购油计划以补充一级油库的油品存量。如何利用有限的配送工具，协调这个三层供应链中的库存和运输，实现长期的最小化库存、运输和缺货成本就是 A 分公司所面临的问题。三层随机库存路径问题的建模和运算都比二层随机库存路径问题更为复杂。本章运用类似于克莱维特等（Kleywegt et al.，2002）的分解方法来考察三层随机库存路径问题，并且考虑二级配送中心的配送能力限制。

本章研究有车辆限制、直接配送的无限阶段三层随机库存路径问题。本章考虑从一级仓库向二级仓库配送的下层问题以及从总仓库向一级仓库配送的上层问题，分别采用分解方法，将每一个二级仓库和一级仓库的直接配送的随机需求库存路径问题描述成马尔可夫决策过程，以无限期折扣成本最小为目标进行优化。本章先求得下层问题中每个具有马氏性的子问题的最优平稳策略和最优目标值，之后再考虑一级仓库的车辆约束，构建一个以全体二级仓库成本最小化为目标、以车辆的服务时间为约束的非线性背包问题，并通过动态规划求解，得到下层问题最优解的估计值；然后，基于下层问题求得的最优平稳策略，再计算上层问题中每个子问题的最优平稳策略和最优目标值，接着同样再考虑总仓库的车辆约束，构建非线性背包问题，用动态规划得出上层问题最优解的近似值；最后以上下层问题最优解的近似值作为整个问题的近似最优解。

考察一个三层物流网络，如图 8.1 所示。一种产品从总仓库 s 处使用 V_s 辆同质的载重为 C_s 的车辆配送到 M 个存储能力为 $C_m^1(m=1,2,\cdots,M)$ 的一级仓库，再分别从一级仓库 m 使用 V_m 辆同质的载重为 C_r 的车辆配送到 N 个存储能力为 $C_n^2(n=1,2,\cdots,N)$ 的二级仓库。总仓库的供应能力无限，车辆一次只负责向一处仓库配送，配送阶段无限，即 $t=0,1,\cdots$，每阶段为 T 单位时间。二级仓库 n 每阶段的需求量 U_n 服从相互独立的概率分布 F_n，F_n 是时间齐次的分布，不随时间的变化而变化，其联合概率分布为 F。一级仓库 m 在阶段 t 的库存量为 y_{mt}，二级仓库 n 在阶段 t 的库存量为 x_{nt}。在该物流系统中，一辆车在物流网络上弧 (i,j) 上往返一次的配送成本为 c_{ij}，每阶段从供应商 s 向一级仓库 m 配送 d_{sm} 数量产品，从一级仓库 m 向二级仓库 n 配送 d_{mn} 数量产品，配送决策受一级仓库和二级仓库存储能力、配送车辆的数量以及配送时间的约束。因为需求是不确定的，因此二级仓库有可能会缺货，一旦二级仓库 n 缺货 s_n，就会产生 $p_n(s_n)$ 的缺货罚金，缺货不回补。每阶段一级仓库 m 的库存成本为 h_m^1，二级仓库 n 的库存成本为 h_n^2。目标是如何进行配送使得物流总成本最低（包括运输成本、库存成本和缺货成本）。

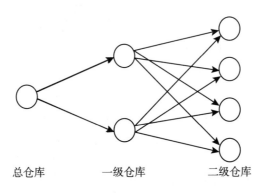

总仓库　　　　　一级仓库　　　　　二级仓库

图 8.1　三层物流网络

8.2　模型的建立与求解

这个直接配送的随机库存路径问题具有马氏链的特征，可以用马尔可夫决策过程来表示，以一级仓库为中心可以将该问题分解成 M 个子问题，每个子问题如图 8.2 所示，在不考虑总仓库的车辆限制时，所有子问题是相互独立的，并且每个子问题仍是马尔可夫决策过程，以上为第一种分解方法。然而，每一个这样的子问题仍具有很大的状态空间，在计算上存在着困难。因此，考虑将这个直接配送的随机库存路径问题分为两层，从总仓库向一级仓库配送为上层问题，并将上层问题以一级仓库为中心分解成 M 个子问题，在不考虑总仓库车辆限制的前提下，M 个子问题是相互独立的；从一级仓库向二级仓库配送为下层问题，并将下层问题以二级仓库为中心分解成 N 个子问题，在不考虑一级仓库车辆限制的前提下，N 个子问题也是相互独立的；所有的子问题都仍然是马尔可夫决策过程，上、下层问题的子问题如图 8.3 所示。以上为第二种分解方法。

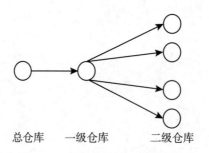

总仓库　　一级仓库　　　二级仓库

图 8.2　第一种分解方法下的子问题

在第二种分解方法下，每个子问题的状态空间比第一种分解方法下子问题的状态空间要小得多，以算例分析部分的数据为基础，并成比例地增加一、二级仓库数量，两种分解方法下的状态个数比较如表 8.1 所示。

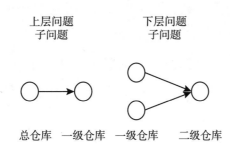

上层问题　　　　　下层问题
子问题　　　　　　子问题

总仓库　一级仓库　　一级仓库　　二级仓库

图 8.3　第二种分解方法下的子问题

表 8.1　　　　　　两种分解方法下的状态个数比较

仓库 数量	第一种分解方法 子问题状态个数	第二种分解方法上 层子问题状态个数	第二种分解方法下 层子问题状态个数
$M=2$, $N=4$	407	22	9
$M=3$, $N=6$	1023	22	26
$M=4$, $N=8$	2035	22	37

8.2.1　下层问题的模型

先考虑下层问题，每个子问题可以用马尔可夫决策过程表示如下：

（1）决策阶段，可以将问题描述为离散的无限阶段齐次马氏决策过程，$t=0$，1，…。

（2）状态空间，对于二级仓库 n，其状态空间为 $(X_n,\{K_{mn}\})$，对于任一 $(x_n,\{k_{mn}\})$，表示二级仓库 n 的库存水平为 x_n，并且最多能被一级仓库 m 配送 k_{mn} 次。让需求分布函数离散化，因而状态空间集 Ξ 也是离散的。

（3）决策集合，对于二级仓库，其决策集合为 $A_n^2(x_n,\{k_{mn}\})$，表示当二级仓库 n 的库存水平为 x_{mn}、配送上限为 k_{mn} 次时所有可行的决

策 a_n^2 的集合。对于任一 a_n^2，可以得到从一级仓库 m 向二级仓库 n 配送的产品数量 $d_{mn}(a_n^2)$。

（4）转移概率，由二级仓库的联合需求分布 F 可以得到马尔可夫转移矩阵 Q，Q 与时间 t 无关，二级仓库库存水平的转移概率矩阵可以表示为：

$$P\left[\left(X_{n,t+1},\{K_{m,n,t+1}\}\right)\mid\left(X_{n,t},\{K_{m,n,t}\}\right),A_{n,t}^2\right]$$

$$= Q\left[q\left(x_{n,t+1},\{k_{m,n,t+1}\}\mid x_{n,t},\{d_{m,n,t}(a_{n,t}^2)\}\right)\right]$$

令 $v^{\pi^2}(x)$ 表示在策略 π^2 下状态 x 出现的稳定概率，则：

$$P\left[\left(X_{n,t+1},\{K_{m,n,t+1}\}\right)=\left(x_{n,t+1},\{k_{m,n,t+1}\}\right)\mid\left(X_{n,t},\{K_{m,n,t}\}\right)\right.$$

$$= \left(x_{n,t},\{k_{m,n,t}\}\right),A_{n,t}^2=a_{n,t}^2\Big]$$

$$= q\left(x_{n,t+1},\{k_{m,n,t+1}\}\mid x_{n,t},\{d_{m,n,t}(a_{n,t}^2)\}\right)$$

$$= \frac{\displaystyle\sum_{\{s\in\Xi:x_{n,t},\{d_{m,n,t}(a_{n,t}^2)\}\}}v^{\pi^2}(s)\sum_{\{z\in\Xi:x_{n,t+1},\{k_{m,n,t+1}\}\}}Q\left[z\mid s,\pi^2(s)\right]}{\displaystyle\sum_{\{s\in\Xi:x_{n,t},\{d_{m,n,t}(a_{n,t}^2)\}\}}v^{\pi^2}(s)}$$

（5）报酬，当状态为 $(x_n,\{k_{mn}\})$ 并且采取决策 a_n^2 时，对于二级仓库 n，其单阶段的期望成本为：

$$g_n^2(x_n,a_n^2) = \sum_m c_{mn}k_{mn}(a_n^2)+h_n^2\left[x_n+\sum_m d_{mn}(a_n^2)\right]$$

$$+ E^{F_n}\left[p_n\left(max\left\{U_n-\left(x_n+\sum_m d_{mn}(a_n^2)\right),0\right\}\right)\right]$$

（6）目标函数，目标是最小化无限阶段的期望折扣值。令 $V_n^{2*}(x_n,\{k_{mn}\})$ 表示初始状态为 $(x_n,\{k_{mn}\})$ 时的最优目标值，α 表示折扣率，则

$$V_n^{2*}(x_n,\{k_{mn}\}) = \inf_{\{A_{nt}^2\}_{t=0}^\infty}E\left[\sum_{t=0}^\infty\alpha^t g_n^2(X_{nt},A_{nt}^2)\mid(X_n,\{K_{mn}\})\right]$$

其中，$d_{mn}(a_n^2)$ 约束于二级仓库 n 的库存水平 x_n 和二级仓库的存储能力 C_n^2，即 $x_n + \sum_m d_{mn}(a_n^2) \leqslant C_n^2$。

该子问题的最优目标值 $V_n^{2*}(x_n, \{k_{mn}\})$ 可以采用成熟的策略迭代法或线性规划法进行计算，对于二级仓库 n 任意一个初始状态 $(x_n, \{k_{mn}\})$，都有相应的最优目标值 $V_n^{2*}(x_n, \{k_{mn}\})$ 和最优平衡策略 π_n^{2*}。

求得所有子问题在不同初始状态下的最优目标值 $V_n^{2*}(x_n, \{k_{mn}\})$ 之后，再考察整个下层问题，在考虑一级仓库车辆约束的情况下寻找下层问题最优目标值的估计值 $\hat{V}^2(x)$。这就需要把一级仓库 m 的 V_m 辆车的服务时间合理地分配给 N 个二级仓库，即一级仓库 m 要确定分配给二级仓库 n 的配送次数 k_{mn}，以最小化全体二级仓库的总成本为目标，得到最优目标值的估计值 $\hat{V}^2(x)$ 以及最优策略 π^{2*}：

$$\hat{V}^2(x) = \min_{\{k_{mn}\}} \sum_n V_n^{2*}(x_n, \{k_{mn}\})$$
$$\text{s. t.} \sum_n t_{mn} k_{mn} \leqslant V_m T^2$$

其中，t_{mn} 表示车辆从一级仓库 m 到二级仓库 n 来回一次所需时间，T^2 表示每辆车每阶段的最多使用时间。这是一个非线性背包问题，可以采用动态规划的方法求解。

8.2.2　上层问题的模型

再考虑上层问题，每个子问题可以用马尔可夫决策过程表示如下：

（1）决策阶段，可以将问题描述为离散的无限阶段齐次马氏决策过程，$t = 0$，1，…。

（2）状态空间，对于一级仓库 m，令 $d_m = \sum_n d_{mn}$，其状态空间为

(Y_m, K_{sm}, D_m)，对于任意 (y_m, k_{sm}, d_m)，表示一级仓库 m 的库存水平为 y_m，最多能被配送 k_{sm} 次，并且要向二级仓库配送 d_m 数量产品。令状态空间集为 Ω。

（3）决策集合，对于一级仓库，其决策集合为 $A_m^1(y_m, k_{sm}, d_m)$，表示当一级仓库 m 的库存水平为 y_m、配送上限为 k_{sm} 次、输出量为 d_m 时，所有可行的决策 a_m^1 的集合。对于任意 a_m^1，可以得到从总仓库向一级仓库 m 配送的产品数量 $d_{sm}(a_m^1)$。

（4）转移概率，由二级仓库 n 各种可能出现的库存量 x_n 在最优策略 π^{2*} 下出现的稳定概率 $v_n^{\pi^{2*}}(x_n)$，可以得到 $u(z) = \prod_n v_n^{\pi^{2*}}(x_n)$，进而可得一级仓库 m 的状态转移概率：

$$P\left[(y_{m,t+1}, k_{s,m,t+1}, d_{m,t+1}) \mid (y_{m,t}, k_{s,m,t}, d_{m,t}), a_{m,t}^1\right] = \sum_{\{z \in \Omega d_{m,t}\}} u(z)$$

（5）报酬，当初始状态为 (y_m, k_{sm}, d_m) 并且采取决策 a_m^1 时，为了尽量满足二级仓库的订单需求 d_m，设缺货罚金为 W（W 为足够大的正数），对于一级仓库 m，其单阶段的期望成本为：

$$g_m^1(y_m, a_m^1) = c_{sm} k_{sm}(a_m^1) + h_m^1\left[\max\{y_m + d_{sm}(a_m^1) - d_m, 0\}\right]$$
$$+ W\left[\max\{d_m - y_m - d_{sm}(a_m^1), 0\}\right]$$

（6）目标函数，目标是最小化无限阶段的期望折扣值。令 $V_m^{1*}(y_m, k_{sm}, d_m)$ 表示初始状态为 (y_m, k_{sm}, d_m) 时的最优目标值，α 表示折扣率，则：

$$V_m^{1*}(y_m, k_{sm}, d_m) = \inf_{\{A_{mt}^1\}_{t=0}^\infty} E\left[\sum_{t=0}^\infty \alpha^t g_m^1(Y_{mt}, A_{mt}^1) \mid (Y_m, K_{sm}, D_m)\right]$$

其中，$d_{sm}(a_m^1)$ 约束于下述条件：$y_m + d_{sm}(a_m^1) \leqslant C_m^1$。

同样，该子问题的最优目标函数 $V_m^{1*}(y_m, k_{sm}, d_m)$ 可以采用成熟的策略迭代法或线性规划法进行计算，对于一级仓库 m 任意一个初始

状态 (y_m, k_{sm}, d_m)，都有相应的最优目标值 $V_m^{1*}(y_m, k_{sm}, d_m)$ 和最优平稳策略 π_m^{1*}。

求得所有子问题在不同初始状态下的最优目标值 $V_m^{1*}(y_m, k_{sm}, d_m)$ 之后，再考察整个上层问题。在考虑总仓库车辆约束的情况下寻找上层问题最优目标值的估计值 $\hat{V}^1(y)$，需要把总仓库 s 的 V_s 辆车的服务时间合理地分配给 M 个一级仓库，即总仓库 s 要确定分配给一级仓库 m 的配送次数 k_{sm}，以最小化全体一级仓库的总成本为目标，得到最优目标值的估计值 $\hat{V}^1(y)$ 以及最优策略 π^{1*}：

$$\hat{V}^1(y) = \min_{k_{sm}} \sum_m V_m^{1*}(y_m, k_{sm}, d_m)$$

$$\text{s. t.} \sum_m t_{sm} k_{sm} \leqslant V_s\, T^1$$

其中 t_{sm} 表示车辆从总仓库 s 到一级仓库 m 来回一次所需时间，T^1 表示每辆车每阶段的最多使用时间。这也是一个非线性背包问题，可以采用动态规划的方法求解。

综上所述，在策略 $\hat{\pi} = (\pi^{1*}, \pi^{2*})$ 下，$\hat{V} = \hat{V}^1(y) + \hat{V}^2(x)$ 可以近似地估计这个直接配送的随机库存路径问题的最优目标值。

8.2.3 模型的算法

在上述模型中，要用策略迭代法或线性规划法得出最优平稳策略，首先就涉及如何计算状态转移概率 $q(x_{n,t+1}, \{k_{m,n,t+1}\} \,|\, x_{n,t}, \{d_{m,n,t}(a_{n,t}^2)\})$，它表示二级仓库 n 当前库存水平为 $x_{n,t}$，从一级仓库 m 配送来的产品数量为 $d_{m,n,t}(a_{n,t}^2)$，当执行策略 π^2 时，在下一阶段出现库存水平为 $x_{n,t+1}$，从一级仓库 m 过来的配送次数为 $k_{m,n,t+1}$ 的概率。然而，由于 $q(x_{n,t+1}, \{k_{m,n,t+1}\} \,|\, x_{n,t}, \{d_{m,n,t}(a_{n,t}^2)\})$ 涉及 $n, x_{n,t+1}, \{k_{m,n,t+1}\}$，

$x_{n,t}, \{d_{m,n,t}(a_{n,t}^2)\}$ 等众多参数，若通过计算所有的稳定概率来直接计算该状态转移概率，则当 N 增大时，$q(x_{n,t+1}, \{k_{m,n,t+1}\} \mid x_{n,t}, \{d_{m,n,t}(a_{n,t}^2)\})$ 的数量就会与系统的状态空间相当，这样的话，计算状态转移概率也是 NP – hard 的。本章用克莱维特等（Kleywegt et al.，2002）提出的随机模拟的方法，在给定策略 π^2 下对状态转移概率做模拟，用模拟 t 次后的值对 $q(x_{n,t+1}, \{k_{m,n,t+1}\} \mid x_{n,t}, \{d_{m,n,t}(a_{n,t}^2)\})$ 进行估计，从而大大地简化了对状态转移概率的计算。在解决了状态转移概率的计算问题后，算法步骤描述如下：

（1）用策略迭代法或线性规划法计算出下层问题每一个子问题的最优目标值 $V_n^{2*}(x_n, \{k_{mn}\})$ 和最优平稳策略 π_n^{2*}。

（2）采用动态规划求解非线性背包问题，得到下层问题的最优目标值的估计值 $\hat{V}^2(x)$ 以及最优策略 π^{2*}。

（3）基于下层问题求出的最优平稳策略 π^{2*}，并设定足够大的罚金 W 规避订单的损失，用策略迭代法或线性规划法计算出上层问题每一个子问题的最优目标值 $V_m^{1*}(y_m, k_{sm}, d_m)$ 和最优平稳策略 π_m^{1*}。

（4）采用动态规划求解非线性背包问题，得到上层问题的最优目标值的估计值 $\hat{V}^1(y)$ 以及最优策略 π^{1*}。

（5）由 $\hat{V} = \hat{V}^1(y) + \hat{V}^2(x)$ 和 $\hat{\pi} = (\pi^{1*}, \pi^{2*})$ 估计这个直接配送的随机库存路径问题的最优目标值和最优策略。

8.3 算例分析

考虑一个简单的油品运输网络，包含 1 个总油库，2 个一级油库（$M = 2$），4 个二级油库（$N = 4$）。总油库有 3 辆运油车，每辆运油车载重量 $C_s = 2$，每个一级油库有 3 辆运油车，每辆运油车载重量 $C_r = $

1，折扣率 $\alpha = 0.98$。并假设每辆车每一阶段只能配送一次。其他数据见表8.2和表8.3。

表 8.2　　　　　　　　　　　一级油库相关数据

m	C_m^1	c_{sm}	W	h_m^1
1	4	100	300	5
2	4	150	300	5

表 8.3　　　　　　　　　　　二级油库相关数据

n	C_n^2	c_{1n}	c_{2n}	p_n	f_n	
					1	2
1	2	20	90	100	0.5	0.5
2	2	40	70	80	0.5	0.5
3	2	60	50	70	0.5	0.5
4	2	80	30	90	0.5	0.5

由于本例规模较小，出于操作的简便性考虑，采用线性规划法求解上层与下层问题每个子问题的马尔可夫决策过程，得到每个子问题的最优策略及其对应最优目标值，如表8.4和表8.5所示。

表 8.4　　　　　　各一级油库最优策略和最优目标值

状态	一级油库1	一级油库2	状态	一级油库1	一级油库2
(4, 0, 2)	13595, 0	20388, 0	(1, 2, 3)	13988, 3	20980, 3
(4, 0, 3)	13688, 0	20530, 0	(1, 1, 2)	13881, 1	20822, 1
(3, 1, 2)	13695, 1	20538, 1	(1, 1, 3)	13981, 2	20972, 2
(3, 1, 3)	13788, 1	20680, 1	(1, 0, 2)	14081, 0	20972, 0
(3, 0, 2)	13688, 0	20530, 0	(1, 0, 3)	14381, 0	21272, 0
(3, 0, 3)	13781, 0	20672, 0	(0, 2, 2)	13988, 3	20980, 3
(2, 1, 2)	13788, 1	20680, 1	(0, 2, 3)	14081, 3	21122, 3

状态	一级油库 1	一级油库 2	状态	一级油库 1	一级油库 2
(2, 1, 3)	13881, 1	20822, 1	(0, 1, 2)	13981, 2	20972, 2
(2, 0, 2)	13781, 0	20672, 0	(0, 1, 3)	14281, 2	21272, 2
(2, 0, 3)	14081, 0	20972, 0	(0, 0, 2)	14381, 0	21272, 0
(1, 2, 2)	13895, 3	20838, 3	(0, 0, 3)	14681, 0	21572, 0

表8.5　　　　　　　各二级油库最优策略和最优目标值

状态	二级油库 1	二级油库 2	二级油库 3	二级油库 4
(0, 0, 0)	7500, (0, 0)	6000, (0, 0)	5250, (0, 0)	6750, (0, 0)
(0, 1, 0)	3750, (1, 0)	4250, (1, 0)	4510, (1, 0)	4050, (1, 0)
(0, 0, 1)	3820, (0, 1)	4280, (0, 1)	4500, (0, 1)	4000, (0, 1)
(0, 1, 1)	2080, (1, 1)	3550, (1, 1)	4285, (1, 1)	2815, (1, 1)
(0, 2, 0)	2010, (2, 0)	3520, (2, 0)	4295, (2, 0)	2865, (2, 0)
(0, 0, 2)	2150, (0, 2)	3580, (0, 2)	4275, (0, 2)	2765, (0, 2)
(1, 0, 0)	2025, (0, 0)	3494, (0, 0)	4230, (0, 0)	2760, (0, 0)
(1, 1, 0)	1990, (1, 0)	3480, (1, 0)	4235, (1, 0)	2785, (1, 0)
(1, 0, 1)	2060, (0, 1)	3510, (0, 1)	4225, (0, 1)	2735, (0, 1)

　　表8.4和表8.5中，油库项下列出的数据中，前者为最优目标值，后者为最优策略。假设当期2个一级油库的库存量为（3，1），4个二级仓库的库存量为（0，0，1，0），求解两个非线性背包问题，就可以得到近似最优策略：总油库向一级油库2配送2单位油品；一级油库1向二级油库1配送2单位油品，向二级油库2配送1单位油品，一级油库2向二级油库2配送1单位油品，向二级油库4配送2单位油品。相应的近似最优目标值为47308。

8.4　本章小结

本章提出了一种有车辆限制、直接配送的无限阶段三层随机库存路径问题。为了分解大规模问题，运用基于马尔可夫决策过程的分解方法，本章将这个直接配送的随机库存路径问题分解成两层问题，进而再分别分解成若干个具有马氏性的子问题，大大地减少了状态空间的数量，降低了运算难度，并得到该问题的近似最优解。另外，若各个一级仓库之间可以相互调配车辆，下层问题的每一个子问题仍是马尔可夫决策过程，求解方法不变，只不过需要增加每个子问题的状态个数以及在目标函数中增加车辆在一级仓库之间调配的成本。本章研究的是直接配送的随机库存路径问题，而没有考虑一条运输路径负责多仓库配送的情形，对于一般的多层随机库存路径问题还需要进一步深入研究。

第 9 章　结论与展望

9.1　本书结论

针对一类定期盘点库存系统，本书主要解决以下两个难题：（1）给定库存策略的参数，系统的库存水平和库存成本难以被有效快速地计算出来。传统上，使用仿真方法计算库存水平和库存成本，为了达到一定的精确度，需要耗费大量的计算时间。（2）缺乏有效快速的优化算法用来计算最优的库存策略参数。对应于库存水平和库存成本需要使用仿真方法估计，传统上，往往使用启发式算法与仿真方法结合来优化库存策略参数，也就是仿真优化方法。但是，仿真优化方法同样存在着计算效率低的问题。本书主要研究最常见的 (s, S) 库存系统和 TBS 双源采购库存系统，为上述库存系统设计了几种数值算法，使得库存水平和库存成本得以有效快速地被计算出来。进一步地，再把上述数值算法与基于梯度的优化算法相结合，使得最优库存策略参数也能够被有效快速地搜索得到。不过，本书所提的数值算法只适用于需求服从位相型分布的情形，若需求不服从位相型分布，本书通过引入次序变换和优化抽样的多精度优化方法和最优计算量分配方法，改进基于仿真的启发式算法的计算效率。虽然本书的研究只针对两类库存系统，但是这些算法也可以扩展应用到其他定期盘点库存系统中去。

　　本书使用的数值算法主要有两种。一种基于一类无穷维的线性方程组，在一定的宽松条件下，该方程组有且仅有一组有界解；而且，从该无穷维的线性方程组截取一个有限维的线性方程组，该有限维的线性方程组的解是一致有界的。通过把需求变量的密度函数做麦克劳林展开，(s, S) 库存系统和 TBS 双源采购库存系统的库存水平各阶矩的表达式正好是上述线性方程组的一种特殊形式。通过求解一个 N 维的线性方程组，就能很快地把系统库存水平的前 N 阶矩求解出来。另一种数值算法同样基于第一种算法中导出的系统库存水平各阶矩的表达式，但是这种算法不直接求解线性方程组，而是将库存水平各阶矩表达成库存策略参数的麦克劳林级数，保留前 N 个系数，将该麦克劳林级数与原始的库存水平各阶矩的表达式进行对比，可以设计迭代算法计算得到该麦克劳林级数的前 N 个系数，从而间接地求得库存水平的前 N 阶矩。数值试验表明，这两种数值算法都十分有效快速而易于实施，并且第一种算法比第二种算法更快速更精确。不过，这两种数值算法都有可能不收敛。第一种算法需要求解一个线性方程组，该线性方程组存在有界解本身就有一个充分条件，若该条件不成立，该算法则无法使用。第二种算法需要对库存水平的各阶矩做麦克劳林展开，若该麦克劳林级数不收敛，则算法也无法使用，但有些时候，可以用帕德逼近等有理函数逼近的方法解决级数不收敛的问题。由于系统的库存成本是库存水平各阶矩的表达式，因此，一旦库存水平的各阶矩可以被计算出来，库存成本也就能够很快地被计算出来。

　　上述的数值算法解决了如何有效快速地计算系统库存水平和库存成本的难题，也是本书解决的最重要的一个难题。另外一个难题则是如何有效快速地计算最优的库存策略参数，该难题的解决也离不开上述的数值算法。如果系统需求服从位相型分布，那么上述数值算法适用于计算系统库存水平和库存成本，同时，还适用于计算库存成本关于库存策略参数的导数。此时，可以把这些数值算法整合到基于梯度的优化方法中，从而可以很快地对库存策略参数进行优化。不过，需要指出的是，除非需求过程的更新函数是凹的（比如，需求服从指数分布和超指数分布），否则，基于梯度的优化方法可能只能找到局部最优解，在这种情况下，可以把基于梯度的优化方法与其他全局优化方法相结合来解决该问题。如果系统需求不服从位相型分布，那么只能使用基于仿真的启发式算法来优化库存策略的参数，但是，上述数值算法仍然可以用于改进基于仿真的启发式算法的计算效率。本书在启发式算法中引入次序变换和优化抽样的多精度优化方法，把真实的系统（需求不服从位相型分布）当作高精度模型，把需求服从位相型分布的系统当作低精度模型（从而可以使用数值算法）。在次序变换阶段，先基于所有或者大量的备选解计算低精度模型的适应度值，按照适应度值从小到大的次序为这些备选解排序，再根据排序把这些备选解分成若干组，并从每组当中抽样出若干个初始备选解；在优化抽样阶段，根据一定的优化抽样规则迭代确定每个组最终应被抽样的备选解数量，对于优化抽样规则，本书使用了最优计算量分配方法，以提升仿真的效率。次序变换和优化抽样的多精度优化方法的使用，明显提升了基于仿真的启发式算法的计算效率。

9.2 展望

本书为有效快速地计算一类定期盘点库存系统的库存水平和库存成本、同时优化库存策略参数的问题提供了几种基本的解决方法。未来可以进一步研究的内容包括：改善算法的收敛性，把这些方法与其他方法相结合，并拓展到更多的定期盘点库存系统中去。另外，本书还提出了使用 Copula 来构建时序相关的库存系统需求模型，以及具有折扣可变成本和有限订购的定期盘点库存系统及一类库存路径问题，这类带约束的库存与定价、库存与路径联合优化的问题也存在着如何快速有效地实现最优化的难题，还有进一步研究的空间。

参 考 文 献

［1］陈杰，陈志祥，刑灵博，陈崇萍．具有多元马氏需求特征的多产品定价和库存问题及其最优（s，S，p）策略［J］．系统工程，2015，33（11）：46－52.

［2］陈荣秋，马士华．生产与运作管理［M］．4版．北京：高等教育出版社，2016.

［3］傅成红．多周期库存路径问题及其算法研究［D］．长沙：中南大学，2010.

［4］胡皓．不确定环境下危险化学品库存路径问题研究［D］．北京：北京化工大学，2020.

［5］李家斌．物流包装租赁共享系统的库存路径问题优化研究［D］．北京：北京交通大学，2021.

［6］刘志硕，左兴权，吴建军．面向小容销比客户的库存路径问题模型与算法［J］．系统工程理论与实践，2024，44（6）：2018－2032.

［7］娄山佐，田新诚，吴颖颖．双源采购跳跃－扩散库存控制模型［J］．自动化学报，2018，44（2）：270－279.

［8］唐金环．基于减排驱动的选址－路径－库存集成问题模型与求解研究［D］．沈阳：东北大学，2017.

［9］杨白玫，徐以汎．具有定价和开机成本的生产－库存系统的

最优 (s, d, S) 策略 [J]. 运筹学学报, 2013, 17 (1): 69−85.

[10] 杨华龙, 石兴江, 辛禹辰. 全渠道电商库存路径及定价问题优化研究 [J]. 交通运输系统工程与信息, 2024, 24 (4): 223−230.

[11] 章魏. 多源采购的库存控制策略研究 [D]. 合肥: 中国科学技术大学, 2014.

[12] 张震. 多商品多来源闭环选址−库存−路径问题模型与算法研究 [D]: 武汉: 华中师范大学, 2019.

[13] 赵达. 随机需求库存−路径问题研究 [D]. 成都: 西南交通大学, 2014.

[14] 朱晨波, 王星, 王伍娜. 基于多精度模型和粒子群算法的 (s, S) 库存优化 [J]. 浙江工业大学学报, 2022, 50 (6): 621−627.

[15] 朱晨波, 叶耀华, 戴锡. 直接配送的三层随机库存路径问题 [J]. 系统工程理论与实践, 2007, 27 (12): 16−22.

[16] Achamrah F E, Riane F, Limbourg S. Solving inventory routing with transshipment and substitution under dynamic and stochastic demands using genetic algorithm and deep reinforcement learning [J]. International Journal of Production Research, 2022, 60 (20): 6187−6204.

[17] Aleywegt A J, Nori V S, Savelsbergh M W P. The stochastic inventory routing problem with direct deliveries [J]. Transportation Science, 2002 (36): 94−118.

[18] Aleywegt A J, Nori V S, Savelsbergh M W P. Dynamic programming approximations for a stochastic inventory routing problem [J]. Transportation Science, 2004 (38): 42−70.

[19] Allon G, van Mieghem J A. Global dual sourcing: Tailored Base-Surge allocation to near-and offshore production [J]. Management Science, 2010, 56 (1): 110−124.

[20] Aral S, Walker D. Creating social contagion through viral product design: a randomized trial of peer influence in networks [J]. Management Science, 2011 (57): 1623 – 1639.

[21] Archetti C, Bertazzi L, Laporte G, Speranza M G. A branch-and-cut algorithm for a vendor managed inventory routing problem [J]. Transportation Science, 2007 (41): 382 – 391.

[22] Archetti C, Bertazzi L, Hertz A, Speranza M G. A hybrid heuristic for an inventory routing problem [J]. INFORMS Journal of Computing, 2012, 24 (1): 101 – 116.

[23] Argon N T, Gullu R, Erkip N. Analysis of an inventory system under backorder correlated deterministic demand and geometric supply process [J]. International Journal of Production Economics, 2001 (71): 247 – 254.

[24] Aral S, Walker D. Identifying influential and susceptible members of social networks [J]. Science, 2012 (337): 337 – 341.

[25] Arrow K J, Harris T, Marschak J. Optimal inventory policy [J]. Econometrica, 1951 (19): 250 – 272.

[26] Bayraktar E, Ludkovski M. Inventory management with partially observed nonstationary demand [J]. Annals of Operations Research, 2010 (176): 7 – 39.

[27] Bechhofer R E, Santer T J, Goldsman D M. Design and analysis of experiments for statistical selection, screening, multiple comparisons [M]. New York, NY, USA: Wiley, 1995.

[28] Bensoussan A, Liu R H, Sethi S P. Optimality of an (s, S) policy with compound poisson and diffusion demands: A quasi-variational inequalities approach [J]. SIAM Journal on Control and Optimization,

2006 (44): 1650 – 1676.

[29] Bertazzi L, Paletta G, Speranza M G. Deterministic order-up-to level policies in an inventory routing problem [J]. Transportation Science, 2002 (36): 119 – 132.

[30] Beyer D, Sethi S P. Average cost optimality in inventory models with Markovian demands [J]. Journal of Optimization Theory and Application, 1997 (92): 497 – 526.

[31] Beyer D, Sethi S P, Taksar M. Inventory models with Markovian demands and cost functions of polynomial growth [J]. Journal of Optimization Theory and Applications, 1998 (98): 281 – 323.

[32] Boyd S, Vandenberghe L. Convex Optimization [M]. Cambridge University Press, 2004.

[33] Campbell A, Clarke L, Kleywegt A J, Savelsbergh M W P. The Inventory Routing Problem [M]. Kluwer Academic Publishers, Dordrecht, The Netherlands, 1998.

[34] Cetinkaya S, Lee C Y. Stock replenishment and shipment scheduling for vendor managed inventory systems [J]. Management Science, 2000 (46): 217 – 232.

[35] Chao X, Yang B, Xu Y. Dynamic inventory and pricing policy in a capacitated stochastic inventory system with fixed ordering cost [J]. Operations Research Letters, 2012 (40): 99 – 107.

[36] Cheaitou A, van Delft C. Finite horizon stochastic inventory problem with dual sourcing: Near myopic and heuristics bounds [J]. International Journal of Production Economics, 2013 (143): 371 – 378.

[37] Chen C H, Lee L H. Stochastic Simulation Optimization: An Optimal Computing Budget Allocation [M]. Singapore: World Scientific,

2010.

[38] Chen C H, Lin J, Yucesan E, Chick S E. Simulation budget allocation for further enhancing the efficiency of ordinal optimization [J]. Journal of Discrete Event Dynamic Systems: Theory and Applications, 2000 (10): 251 – 270.

[39] Chen F, Song J S. Optimal policies for multi echelon inventory problems with Markov-modulated demand [J]. Operations Research, 2001, 49 (2): 226 – 234.

[40] Chen S, Lambrecht M. X-Y band and modified (s, S) policy [J]. Operations Research, 1996 (44): 1013 – 1019.

[41] Chen W, Yang H. A heuristic based on quadratic approximation for dual sourcing problem with general lead times and supply capacity uncertainty [J]. IIE Transactions, 2019 (51): 943 – 956.

[42] Chen Y, Lu Y, Xu M. Optimal inventory control policy for periodic-review inventory systems with inventory-level-dependent demand [J]. Naval Research Logistics, 2012 (59): 430 – 440.

[43] Cheng F, Sethi S P. Optimality of state-dependent (s, S) policies in inventory models with Markov-modulated demand and lost sales [J]. Production & Operations Management, 1999 (8): 183 – 192.

[44] Coelho L C, Cordeau J F, Laporte G. Consistency in multi-vehicle inventory-routing [J]. Transportation Research Part C-Emerging Technologies, 2012 (24): 270 – 287.

[45] Cooper W L, Rangarajan B. Performance guarantees for empirical Markov decision processes with applications to multiperiod inventory models [J]. Operations Research, 2012 (60): 1267 – 1281.

[46] Crane M A, Iglehart D L. Simulation stable stochastic systems Ⅲ:

regenerative processes and discrete-event simulation [J]. Operations Research, 1975 (23): 33 -45.

[47] Croson R, Donohue K, Katok E, Sterman J. Order stability in supply chains: coordination risk and the role of coordination stock [D]. Massachusetts Institute of Technology, 2004.

[48] Dai Y H. Convergenceproperties of the BFGS algorithm [J]. Siam Journal on Optimization, 2002, 13 (3): 693 -701.

[49] Divol R, Edelman D. Sarrazin H. Demystifying social media [J]. McKinsey Quarterly, 2012 (2): 66 -77.

[50] Dong C, Transchel S, Hoberg K. An inventory control model for modal split transport: a tailored base-surge approach [J]. European Journal of Operational Research, 2018 (264): 89 -105.

[51] Dong C, Transchel S. A dual sourcing inventory model for modal split transport: Structural properties and optimal solution [J]. European Journal of Operational Research, 2020 (283): 883 -900.

[52] Erkip N, Hausman W H, Nahmias S. Optimal centralized ordering policies in multi-echelon inventory systems with correlated demands [J]. Management Science, 1990 (36): 381 -392.

[53] Federgruen A, Zipkin P. An efficient algorithm for computing optimal (s, S) policies [J]. Operations Research, 1984 (32): 1268 -1285.

[54] Federgruen A, Zipkin P. Computing optimal (s, S) policies in inventory models with continuous demands [J]. Advances in Applied Probability, 1985 (17): 424 -442.

[55] Federgruen A, Zipkin P. An inventory model with limited production capacity and uncertain demands I, the average cost criterion [J]. Mathematics of Operations Research, 1986a (11): 193 -207.

[56] Federgruen A, Zipkin P. An inventory model with limited production capacity and uncertain demands Ⅱ, the discounted cost criterion [J]. Mathematics of Operations Research, 1986b (11): 208 – 215.

[57] Feng H, Wu Q, Muthuraman K, Deshpande V. Replenishment policies for multi-product stochastic inventory systems with correlated demand and joint-replenishment costs [J]. Production & Operations Management, 2015, 24 (4): 647 – 664.

[58] Feng Q, Sethi S, Yan H, Zhang H. Are base-stock policies optimal in inventory problems with multiple delivery modes? [J]. Operations Research, 2006 (54): 801 – 807.

[59] Feng Y, Xiao B. A new algorithm for computing optimal (s, S) policies in a stochastic single item/location inventory system [J]. IIE Transactions, 2000 (32): 1081 – 1090.

[60] Fu M C, Hu J Q. (s, S) inventory systems with random lead times: Harris recurrence and its implication in sensitivity analysis [J]. Probability in the Engineering and Information Sciences, 1994 (8): 355 – 376.

[61] Gallego G, Scheller-Wolf A. Capacited inventory problems with fixed order costs: Optimal policy structrue [J]. European, Journal of Operational Research, 2000 (126): 603 – 613.

[62] Gallego G, Toktay L B. All-or-nothing ordering under a capacity constraint [J]. Operations Research, 2004 (52): 1001 – 1002.

[63] Gong W B, Nananukul S, Yan A. Pade approximation for stochastic discrete-event systems [J]. IEEE Transactions on Automatic Control, 1995 (40): 1349 – 1358.

[64] Govedarica V, Jovanovic M. Functions with quasiconvex derivatives [J]. Mathematics and Its Applications, 1998 (430): 471 – 473.

［65］Goyal M, Netessine S. Volume exibility, product exibility, or both: The role of demand correlation and product substitution ［J］. Manufacturing Service Operations Management, 2011 (13): 180 – 193.

［66］Graves S C. A single-item inventory model for a nonstationary demand process ［J］. Manufacturing & Service Operations Management, 1999 (1): 50 – 61.

［67］Hamdouch Y, Boulaksil Y, Ghoudi K. Dual sourcing inventory management with nonconsecutive lead times from a supply chain perspective: a numerical study ［J］. OR Spectrum, 2023 (45): 1013 – 1041.

［68］Herer Y, Roundy R. Heuristics for a one-warehouse multiretailer distribution problem with performance bounds ［J］. Operations Research, 1997 (45): 102 – 115.

［69］Hu J Q, Nananukul S, Gong W B. A new approach to (s, S) inventory systems ［J］. Journal of Applied Probability, 1993 (30): 898 – 912.

［70］Hu J Q, Zhang C, Zhu C. (s, S) Inventory systems with correlated demands ［J］. Informs Journal on Computing, 2016, 28 (4): 603 – 611.

［71］Hua Z, Yu Y, Zhang W, Xu X. Structural properties of the optimal policy for dual-sourcing systems with general lead times ［J］. IIE Transactions, 2015, 47 (8): 841 – 850.

［72］Iglehart D L. Optimality of (s, S) policies in the infinite horizon dynamic inventory problem ［J］. Management Science, 1963 (9): 259 – 267.

［73］Iyengar R, Van den Bulte C, Valente T W. Opinion leadership and social contagion in new product diffusion ［J］. Marketing Science, 2011 (30): 195 – 212.

［74］Janakiraman G, Seshadri S, Sheopuri A. Analysis of Tailored Base-Surge policies in dual sourcing inventory systems ［J］. Management Science, 2015, 61 (7): 1547 – 1561.

［75］Jarugumilli S, S Grasman S E, Ramakrishnan S. A simulation framwork for real-time management and control of inventory routing decisions ［J］. 2006 Winter Simulation Conference, 2006: 1485 – 1492.

［76］Kandori M. Correlated demand shocks and price wars during booms ［J］. The Review of Economic Studies, 1991 (58): 171 – 180.

［77］Kane G C, Fichman R G. The shoemakers children: Using Wikis for information systems teaching, research, and publication ［J］. MIS Quarterly, 2009 (33): 1 – 17.

［78］Kantorovich L V, Krylov V I. Approximate Methods of Higher Analysis ［M］. Translated by Benster C D. New York: J. Wiley & Sons, 1964.

［79］Karr A F. Weak convergence of a sequence of Markov chains ［J］. Zeitschrift fur Wahrscheinlichkeitstheorie und Verwandte Gebiete, 1975 (33): 41 – 48.

［80］Klosterhalfen S, Kiesmuller G, Minner S. A comparison of the constant-order and dual-index policy for dual sourcing ［J］. International Journal of Production Economics, 2011, 133 (1): 302 – 311.

［81］Law A M, Kelton W D. Simulation Modeling and Analysis ［M］. New York, NY, USA: MacGraw – Hill, 2000.

［82］Lee H L, Padmanabhan V, Whang S. Information distortion in a supply chain: The bullwhip effect ［J］. Management Science, 1997 (43): 546 – 558.

［83］Lee H L, So K C, Tang C S. The value of information sharing in a two-level supply chain ［J］. Management Science, 2000 (46): 626 – 643.

［84］ Li X. Managing dynamic inventory systems with product returns: A markov decision process ［J］. Journal of Optimization Theory and Applications, 2013 (157): 577 –592.

［85］ Liu L, Yuan X M. Coordinated replenishments in inventory systems with correlated demands ［J］. European Journal of Operational Research, 2000 (123): 490 –503.

［86］ Loynes R M. The stability of a queue with non-independent inter-arrival and service times ［J］. Mathematical Proceedings of the Cambridge Philosophical Society, 1962, 58 (3): 497 –520.

［87］ Ozekici S, Parlar M. Inventory models with unreliable suppliers in a random environment ［J］. Annals of Operations Research, 1999 (91): 123 –136.

［88］ Porteus E L. Numerical comparisons of inventory policies for periodic review systems ［J］. Operations Research, 1985 (33): 134 –152.

［89］ Qiu R, Sun M, Lim F Y. Optimizing (s, S) policies for multi-period inventory models with demand distribution uncertainty: Robust dynamic programing approaches ［J］. European Journal of Operational Research, 2017, 261 (3): 880 –892.

［90］ Reiman M I, Rubio R, Wein L M. Heavy traffic analysis of the dynamic stochastic inventory-routing problem ［J］. Transportation Science, 1999 (33): 361 –380.

［91］ Rogers E M. Diffusion of Innovations ［M］. New York: The Free Press, 2003.

［92］ Sahin I. On the objective function behavior in (s, S) inventory models ［J］. Operations Research, 1982 (30): 709 –724.

［93］ Sapra A, Truong V, Zhang R Q. How much demand should be fulfilled? [J]. Operations Research, 2010 (58): 719 – 733.

[94] Saracoglu I, Topaloglu S, Keskinturk T. A genetic algorithm approach for multi-product multi-period continuous review inventory models [J]. Expert Systems with Applications, 2014 (41): 8189 – 8202.

[95] Scarf H. The optimality of (S, s) policies in the dynamic inventory problem [J]. Mathematical Methods in the Social Sciences 1960 (1).

[96] Scheller-Wolf A, Veeraraghavan S, van Houtum G J. Effective dual sourcing with a single index policy [D]. Carnegie Mellon University, 2007.

[97] Shang K H. Single-stage approximations for optimal policies in serial inventory systems with nonstationary demand [J]. Manufacturing Service & Operations Management, 2012 (14): 414 – 422.

[98] Sheopuri A, Janakiraman G, Seshadri S. New policies for the stochastic inventory control problem with two supply sources [J]. Operations Research, 2010 (58): 734 – 745.

[99] Sethi S P, Cheng F. Optimality of (s, S) policies in inventory models with Markovian demand [J]. Operations Research, 1997 (45): 931 – 939.

[100] Sethi S, Yan H, Zhang H. Peeling layers of an onion: inventory model with multiple delivery modes and forecast updates [J]. Journal of Optimization Theory and Applications, 2001 (108): 253 – 281.

[101] Sethi S, Yan H, Zhang H. Inventory models with fixed costs, forecast updates, and two delivery modes [J]. Operations Research, 2003 (51): 321 – 328.

[102] Solyali O, Cordeau J F, Laporte G. Robust inventory routing under demand uncertainty [J]. Transportation Science, 2012, 46 (3):

327 – 340.

[103] Song J, Xiao L, Zhang H, Zipkin P. Optimal policies for a dual-sourcing inventory problem with endogenous stochastic lead times [J]. Operations Research, 2016, 65 (2): 379 – 395.

[104] Song J S, Zipkin P. Inventory control in a fluctuating demand environment [J]. Operations Research, 1993 (41): 351 – 370.

[105] Song J S, Zipkin P. Inventories with multiple supply sources and networks of queues with overflow bypasses [J]. Management Science, 2009, 55 (3): 362 – 372.

[106] Sripad K D, Ganesh J, Sridhar S. Dual sourcing systems: An asymptotic result for the cost of optimal tailored base-surge (TBS) policy [J]. Operations Research Letters, 2023 (51): 338 – 345.

[107] Sterman J D. Business Dynamics: Systems Thinking and Modeling for a Complex World [M]. McGraw – Hill, Irwin, 2000.

[108] Sterman J D, Henderson R, Beinhocker E D, Newman L I. Getting big too fast: Strategic dynamics with increasing returns and bounded rationality [J]. Management Science, 2007 (53): 683 – 697.

[109] Sun J, Van Mieghem J A. Robust dual sourcing inventory management: optimality of capped dual index policies and smoothing [J]. Manufacturing & Service Operations Management, 2019 (21): 912 – 931.

[110] Taleizadeh A A, Niaki S T A, Aryanezhad M B, Shafii N. A hybrid method of fuzzy simulation and genetic algorithm to optimize constrained inventory control systems with stochastic replenishments and fuzzy demand [J]. Information Science, 2013 (220): 425 – 441.

[111] Tsou C S. Evolutionary pareto optimizers for continuous review stochastic inventory systems [J]. European Journal of Operational Re-

search, 2009 (195): 364 – 371.

[112] Urban T L. A periodic-review model with serially-correlated, inventory-level-dependent demand [J]. International Journal of Production Economics, 2005 (95): 287 – 295.

[113] Veeraraghavan S, Scheller-Wolf A. Now or later: a simple policy for effective dual sourcing in capacitated systems [J]. Operations Research, 2008, 56 (4): 850 – 864.

[114] Veinott A F, Wagner H M. Computing optimal (s, S) inventory policies [J]. Management Science, 1965 (11): 525 – 552.

[115] Veinott A F. On the optimality of (s, S) inventory policies: new conditions and a new proof [J]. SIAM Journal of Applied Mathematics, 1966 (14): 1067 – 1083.

[116] Viswanathan S, Mathur K. Integrating routing and inventory decisions in one-warehouse multiretailer multiproduct distribution systems [J]. Management Science, 1997 (43): 294 – 312.

[117] Walid W N, Maddah B. Continuous (s, S) policy with MMPP correlated demand [J]. European Journal of Operational Research, 2015 (246): 874 – 885.

[118] Wijnaard J. An inventory problem with constrained order capacity, TH-report-72-WSK- 63 [D]. Eindhoven University of Technology, Eindhoiven, the Netherlands, 1992.

[119] Xie B L, An S, Wang J. Stochastic inventory routing problem under B2C e-commerce [J]. IEEE International Conference on e-Business Engineering, 2005: 630 – 633.

[120] Xin L, David A G. Asymptotic optimality of Tailored Base-Surge policies in dual-sourcing inventory systems [D]. Georgia Institute of

Technology, 2015.

[121] Xin L, Goldberg D A. Asymptotic optimality of tailored base-surge policies in dual-sourcing inventory systems [J]. Management Science, 2018 (64): 437 –452.

[122] Xu J, Zhang S, Huang C C, Chen C H, Lee L H, Celik N. An ordinal transformation framework for multi-fidelity simulation optimization [R]. Proceedings of 2014 IEEE Conference on Automation Science and Engineering, 2014a: 385 –390.

[123] Xu J, Zhang S, Huang E, Chen C H, Lee L H. MO^{2}TOS: multi-fidelity optimization via ordinal transformation and optimal sampling [D]. George Mason University, 2014b.

[124] Yuan H, Luo Q, Shi C. Marrying stochastic gradient descent with bandits: learning algorithms for inventory systems with fixed costs [J]. Management Science, 2021 (67): 6089 –6115.

[125] Zhang R Q. Expected time delay in multi-item inventory systems with correlated demands [J]. Naval Research Logistics, 1999 (46): 671 –688.

[126] Zhang W, Hua Z, Benjaafar S. Optimal inventory control with dual-sourcing, heterogeneous ordering costs and order size constraints [J]. Production & Operations Management, 2012, 21 (3): 564 –575.

[127] Zhang W, Hua Z. Optimal inventory policy for capacitated systems with two supply sources [J]. Operations Research Letter, 2013 (41): 12 –18.

[128] Zhang Y P, Chu F, Che A, Yan Y T. Closed-loop inventory routing problem for perishable food with returnable transport items selection [J]. International Journal of Production Research, 2024, 62 (1 –2):

501 – 521.

[129] Zhao Q H, Wang S Y, Lai K K. A partition approach to the inventory/routing problem [J]. European Journal of Operational Research, 2007 (177): 786 – 802.

[130] Zheng Y S, Federgruen A. Finding optimal (s, S) policies is about as simple as evaluating a single policy [J]. Operations Research, 1991 (39): 654 – 665.

[131] Zhu C. An efficient approach for dual sourcing inventory systems with Tailored Base-Surge policies [J]. Operations Research Letters, 2020, 48 (4): 415 – 420.

[132] Zhu C, Ren Z, Lei L, Wang X, Xie Y. A note on algorithms for dual sourcing inventory systems with Tailored Base-Surge policies [J]. Rairo-Operations Research, 2024, 58 (3): 2637 – 2644.

[133] Zhu C, Xu J, Chen C H, Lee L H, Hu J Q. Balancing search and estimation in random search based stochastic simulation optimization [J]. IEEE Transactions on Automatic Control, 2016, 61 (11): 3593 – 3598.

[134] Zhu C, Yang B, Ma H, Gao C, Chen J. Optimal strategy for a periodic review inventory system with discounted variable cost and finite ordering capacity [J]. RAIRO-Operations Research, 2022, 56 (5): 3461 – 3470.